EL MEJOR LIBRO DE COCINA DE LA FREIDORA DE AIRE

2 libros en 1:

Recetas Sabrosas y Rápidas en la Freidora de Aire para Principiantes y Expertos

MARGARET RODRIGUEZ

EL LIBRO DE COCINA COMPLETO DE LA FREIDORA DE AIRE

ÍNDICE DE CONTENIDOS

LIBRO DE COCINA FÁCIL PARA FREIDORA DE AIRE

ÍNDICE DE CONTENIDOS

EL LIBRO DE COCINA COMPLETO DE LA FREIDORA DE AIRE

Recetas sabrosas, asequibles y baratas para la freidora de aire

MARGARET RODRIGUEZ

INTRODUCCIÓN

Hoy en día, casi todo el mundo busca opciones culinarias más saludables. Mucha gente descubre que una de las mejores maneras de asegurarse de que está comiendo sano, sin dejar de preservar el gusto y el sabor, es con el uso de una freidora de aire.

¿Qué es una freidora de aire?

La freidora de aire es un aparato de cocina que está ganando popularidad como forma de cocinar de forma más saludable. A diferencia de una freidora tradicional, que utiliza aceite para cocinar los alimentos, una freidora de aire cocina los alimentos haciendo circular aire caliente por la cesta. La cesta debe estar revestida con un forro especial para cestas o cestas de cocción.

La cesta permite utilizar el calor por convección para cocinar los alimentos, al igual que un horno convencional. Sin embargo, la mayor ventaja de utilizar una freidora de aire es que no utilizará ningún aceite para cocinar sus alimentos.

¿Para qué sirve una freidora de aire?

Las freidoras de aire están disponibles en una variedad de tamaños, formas y capacidades. Se utilizan para cocinar todo tipo de alimentos tanto calientes como fríos. Las patatas fritas, el pollo frito, el pescado, las hamburguesas, las patatas fritas, los aros de cebolla, los palitos de mozzarella y otros alimentos se suelen cocinar en una freidora de aire.

Las freidoras de aire también se pueden utilizar para cosas como hacer aperitivos como alitas de pollo o tempura de gambas. También se pueden utilizar para crear postres como bolas de pastel y brownies. Como no necesita aceite para cocinar los alimentos con su freidora de aire, también puede utilizarla como sustituto de un horno.

Algunas freidoras de aire son capaces de cocinar alimentos congelados directamente desde el congelador, mientras que otras pueden requerir que usted descongele su carne u otros alimentos antes de cocinar. Es fundamental leer las instrucciones de cualquier freidora de aire que esté considerando comprar. Consiga una freidora de aire con ajustes de temperatura si quiere hacer algo más que freír alimentos. Esto permite a los usuarios cocinar diferentes cosas como alas de pollo, verduras y más a diferentes temperaturas. Las freidoras de aire pueden facilitar la cocción de todo tipo de cosas sin tener un olor extraño en su casa durante días.

La mayoría de las freidoras de aire tienen algún tipo de control de temperatura, así como un temporizador. También vienen con una cesta que está destinada a ser utilizada con su freidora de aire.

¿Qué tipos de freidoras de aire hay?

Hay dos tipos de freidoras de aire: de sobremesa y de mesa (portátiles). Los modelos de sobremesa son más potentes y grandes que sus primos portátiles. Pueden contener más alimentos a la vez, cocinarlos más rápido y durante más tiempo. Estos modelos requieren que los conectes a una toma de corriente y ocupan bastante espacio en la encimera. Por otro lado, los modelos portátiles son menos potentes pero son más pequeños y se pueden guardar fácilmente cuando se necesitan.

Se pueden utilizar para cocinar muchas cosas diferentes, incluyendo pero no limitado a pequeños aperitivos, alimentos fritos, pasteles e incluso alimentos congelados. En su mayoría son ligeros y están hechos de acero inoxidable o de vidrio. Los pequeños electrodomésticos suelen ser más ligeros que sus homólogos, por lo que es importante tener en cuenta que se busca la comodidad.

Los modelos de sobremesa suelen costar más de 100 dólares y los modelos portátiles cuestan entre 30 y 50 dólares. Algunos de los modelos más caros tienen campanas y silbatos, pero siguen teniendo un precio razonable.

¿Cuáles son los mejores modelos de freidoras de aire del mercado actual? Hay cientos de freidoras de aire en el mercado hoy en día. La mayoría de ellas tienden a ser pequeñas y con un aspecto anticuado. Sin embargo, si quiere algo que produzca una comida deliciosa y saludable sin toda la molestia, algunas freidoras de aire se destacan de la multitud.

1. Huevos con camisas

Tiempo de preparación: 9 minutos
Tiempo de cocción: 20/25 minutos
Raciones: 2
Ingredientes:
- 3/5 onzas de jamón picado
- Dos cucharadas de leche
- Dos huevos
- ½ cucharada de aceite de oliva
- ½ libra de espinacas tiernas rotas
- Spray de cocina
- Sal y pimienta en grano para mejorar el sabor

Direcciones:
1. Precalentar una sartén a fuego mínimo, añadir las espinacas baby y remover durante unos minutos antes de apagar el fuego.
2. Distribuya las espinacas tiernas y el jamón a cada infante en 2 ramequines de cocción con spray.
3. Rompa un huevo en cada ramequín, vierta la leche y sazone con sal y pimienta. En una freidora de aire precalentada, coloque los ramequines y hornee durante 20 minutos a 350 grados F.
4. Refresca tu gusto con los huevos al horno.

Nutrición: Calorías 320, grasas 8, fibra 9, carbohidratos 8, proteínas 9.

2. Sándwich

Tiempo de preparación: 8 minutos
Tiempo de cocción: 5 minutos
Porción: 2
Ingredientes:
- 4 tazas de col rizada desgarrada
- Cuatro cucharadas de semillas de calabaza
- Dos panecillos veganos cortados por la mitad

- Dos chalotas pequeñas picadas
- Dos cucharadas de jalapeño seco y machacado
- Dos rodajas de aguacate
- Dos cucharadas de mayonesa de aguacate
- Un chorrito de aceite
- Una pizca de sal y pimienta negra

Direcciones:

1. Precaliente el aceite de su freidora a 360 grados F. Añada la col rizada, la sal, la pimienta, las semillas de calabaza, la chalota y el jalapeño, y cocine durante 5 minutos, agitando una vez.
2. Unta la mitad de cada medio bollo con mayonesa de aguacate, una rodaja de aguacate, la mezcla de col rizada y el otro medio bollo, y sírvelo para desayunar.
3. Haz lo mismo con el otro bollo.

Nutrición: Calorías 170, grasas 5, fibra 6, carbohidratos 9, proteínas 4

3. Tarta de manzana a la plancha

Tiempo de preparación: 11 minutos
Tiempo de cocción: 15 minutos
Raciones: 2

Ingredientes:

- Una taza de harina de trigo sarraceno
- ½ taza de manzana pelada, descorazonada y picada
- ½ cucharada de linaza molida mezclada, con una cucharada de agua
- ¼ de cucharada de extracto de vainilla
- Una cucharada de canela en polvo
- Una cucharada de levadura en polvo
- Una cucharada de azúcar de coco
- ½ taza de leche de almendras
- Un chorrito de aceite vegetal

Direcciones:

1. Combine y mezcle la harina, el azúcar, la levadura en polvo, el extracto de vainilla y la canela en un bol.
2. Incorporar la harina de linaza, la leche y las manzanas, hasta obtener una masa de panqueques.

3. Extienda ¼ de su masa en la freidora de aire después de engrasarla, luego cubra y cocine durante 5 minutos a 360 grados F, dándole la vuelta a mitad de camino.
4. Sacar la tortita de la sartén y colocarla en una bandeja o plato.
5. Hacer el resto de la masa de la misma manera y servir para el desayuno.

Nutrición: Calorías 160, grasas 3, fibra 3, carbohidratos 6, proteínas 3

4. Tortilla Veganaise

Tiempo de preparación: 8 minutos
Tiempo de cocción: 8 minutos
Raciones: 2
Ingredientes:
- Una cucharada de harina de lino mezclada con una cucharada de agua
- ½ cucharada de aceite de oliva
- ½ cucharada de perejil picado
- 2 tomates cherry cortados por la mitad
- ½ rodaja de salchicha vegana
- Sal y pimienta negra al gusto

Direcciones:
1. En la sartén de su freidora de aire, combine el aceite, los tomates y la salchicha vegana, luego caliéntelo a 360 grados F y hornéelo durante 4 minutos.
2. Añada la harina de lino, el perejil, la sal y la pimienta, extiéndala en la sartén, tápela y cocínela durante otros 4 minutos a 360 grados F.
3. Cortar en rodajas y servir.

Nutrición: Calorías 145, grasas 6, fibra 3, carbohidratos 10, proteínas 2.

5. Cuajada de judías (tofu)

Tiempo de preparación: 10 minutos
Tiempo de cocción: 26 minutos
Raciones: 2
Ingredientes:
- ½ bloque de tofu en cubos

- Una cucharada de amina de coco
- ¼ de cucharada de cebolla en polvo
- Una taza de la patata roja cortada en cubos
- ½ cucharada de cúrcuma en polvo
- ¼ de taza de cebolla amarilla picada
- Una cucharada de aceite de oliva
- ¼ de cucharada de ajo en polvo
- Sal y pimienta negra al gusto

Direcciones:

1. Combine el tofu, una cucharada de aceite de oliva, la sal, la pimienta, la amina de coco, el ajo y la cebolla en polvo, la cúrcuma y la cebolla cortada en rodajas en un cuenco y mézclelo todo.
2. Mezclar las patatas con el resto del aceite, la sal y la pimienta en un bol aparte.
3. Coloque las patatas en una freidora de aire precalentada a 350 grados F y hornee durante 13 minutos, sacudiendo a mitad de camino.
4. Hornee durante otros 13 minutos a 360 grados F con el tofu y la marinada.
5. Servir dividiendo la mezcla entre los platos.

Nutrición: Calorías 148, grasa 4,5, fibra 4, carbohidratos 10, proteínas 10.

6. Tofu marinado

Tiempo de preparación: 8 minutos
Tiempo de cocción: 14 minutos
Raciones: 2

Ingredientes:

- Cuatro onzas de espinacas rotas
- Seis onzas de tofu en cubos
- ½ libra de Romanesco fresco y picado en trozos grandes
- ¼ de taza de aminos de coco
- 1½ zanahoria picada
- Una taza de quinoa roja cocida
- 1½ cucharada de jarabe de arce
- Una cucharada de aceite de sésamo

- ½ pimiento rojo picado
- Una cucharada de zumo de lima

Direcciones

1. Mezcle los cubos de tofu con el aceite, el sirope de árce, los aminos de coco y el zumo de lima en una taza, y luego páselo a una freidora de aire. Cocine durante 14 minutos a 370f, agitando frecuentemente.
2. Añade el romanesco, las zanahorias, las espinacas, el pimiento y la quinoa.
3. Servir dividiendo en cuencos.

Nutrición: Calorías 158, grasas 4, fibra 4, carbohidratos 6, proteínas 2.

7. Cazuela de huevos

Tiempo de preparación: 8 minutos
Tiempo de cocción: 7 minutos
Raciones: 2

Ingredientes:

- Una cucharada de perejil picado
- Una cucharada de cebollino picado
- Dos cucharadas de crema de leche
- Una pizca de guindilla roja triturada
- Tres huevos batidos
- Sal y pimienta negra al gusto

Direcciones:

1. Combine los huevos, la sal, la pimienta, la nata espesa, la guindilla roja, el perejil y el cebollino en un cuenco para mezclar y remueva bien, y luego divídalo en cuatro platos para soufflé.
2. Cocine los suflés durante 7 minutos a 350 grados F después de colocar los platos en la freidora de aire.
3. Servir inmediatamente.

Nutrición: Calorías 300, grasas 6, fibra 8, carbohidratos 14, proteínas 5.

8. Muffin inglés

Tiempo de preparación: 9 minutos
Tiempo de cocción: 5 minutos
Raciones: 2

Ingredientes:

- Dos huevos
- Dos tiras de tocino
- Dos panecillos ingleses cortados por la mitad
- Sal y pimienta negra al gusto

Direcciones:

1. En su freidora de aire, rompa los huevos, cubra con el tocino, tape y cocine durante 5 minutos a 392 grados F.
2. Caliente el panecillo inglés cortado por la mitad en el microondas durante unos segundos, luego divida los huevos en trozos, cubra con tocino, condimente con pimienta y sal, 2 panecillos ingleses y luego cúbralo
3. Sirve el desayuno.

Nutrición: Calorías 260, grasas 4, fibra 7, carbohidratos 11, proteínas 3.

9. Magdalenas de huevo con bacon

Tiempo de preparación: 15 minutos
Tiempo de cocción: 25 minutos
Porción: 8 panecillos

Ingredientes

- 6 huevos grandes
- 3 rebanadas de tocino cocido y picado
- ½ taza de pimiento verde y rojo picado
- ½ taza de queso cheddar rallado
- ¼ de taza de queso mozzarella rallado
- ¼ de taza de espinacas frescas picadas
- ¼ de taza de cebollas picadas
- 2 cucharadas de cualquier leche
- Una pizca de sal y pimienta negra, al gusto

Dirección:

1. Ponga los huevos, la leche, la pimienta negra y la sal en un bol grande. Bátelo hasta que esté bien combinado.
2. Añade los pimientos picados, las espinacas, las cebollas, la mitad de los quesos rallados y el bacon desmenuzado. Mézclalo bien.

3. En primer lugar, coloca los vasos de silicona en la freidora de aire, luego vierte la mezcla de huevos en ellos y añade el resto de los quesos. Si lo haces así, evitarás que se muevan los vasos llenos.
4. Precaliente su freidora de aire a 300°F. Cocine los muffins de huevo preparados durante 12-15 minutos. Comprueba que están listos usando un palillo; debe salir limpio después de insertarlo en el muffin.
5. Sirve caliente y disfruta de tus Muffins de Huevo con Tocino!
6. Consejos útiles
7. Si utiliza el molde para huevos, evite la cubierta de plástico.
8. Puedes guardar los Egg Muffins cocidos en la nevera hasta 4 días.

Nutrición: Calorías: 91 Carbohidratos: 1,5 g Grasa: 6,4 g Proteína: 7,1 g Azúcar: 1 g Sodio: 108 mg Colesterol: 148 mg

10. Quiche de verduras

Tiempo de preparación: 15 minutos
Tiempo de cocción: 20 minutos
Raciones: 2

Ingredientes
- 2 huevos grandes
- ½ taza de crema de leche
- 6-8 ramilletes de brócoli pequeños
- 2 cucharadas de cheddar rallado
- Una pizca de sal y pimienta negra, al gusto

Dirección:
1. Precaliente su freidora de aire a 325°F. Engrasa ligeramente dos platos de cerámica de 5 pulgadas con aceite.
2. Ponga los huevos, la nata líquida, la sal y la pimienta negra en un bol. Bátelo bien.
3. Poner los ramilletes de brócoli en el fondo del plato y verter la mezcla de huevo sobre ellos.
4. Cocínelo a 325°F durante 10 minutos.* Compruebe que está listo usando un palillo; debe salir limpio después de insertarlo en el centro.
5. Sirve caliente y disfruta de tu Quiche de Verduras!
6. Consejos útiles

7. El tiempo de cocción puede variar dependiendo de su modelo de freidora de aire. Puede tardar más tiempo.
8. Puedes guardar la Quiche de Verduras cocinada en la nevera hasta 4 días.

Nutrición: Calorías: 247 Carbohidratos: 13,4 g Grasa: 16,6 g Proteína: 14,6 g Azúcar: 3,5 g Sodio: 185 mg Colesterol: 229 mg

11. Taquitos de queso

Tiempo de preparación: 15 minutos
Tiempo de cocción: 25 minutos
Porciones: 3

Ingredientes
- 3 tortillas de maíz blanco
- 3 cucharaditas de chiles verdes asados
- 3 palitos de queso
- 1 cucharada de cilantro
- 1 cucharadita de queso desmenuzado (cotija o queso fresco)
- 1 cucharadita de aceite de oliva

Dirección:
1. Precaliente su freidora a 400°F.
2. Engrasa ligeramente las tortillas con aceite de oliva por ambos lados. Haz un pequeño corte en el centro de los palitos de queso y pon los chiles en los bolsillos formados. Poner el queso en las tortillas y enrollarlas.
3. Póngalos en la freidora de aire precalentada, con la costura hacia abajo. Cocínalos a 400°F durante 7-10 minutos.
4. Cubre con cilantro y queso desmenuzado. Sirve caliente y disfruta de tus Taquitos de Queso!

Nutrición: Calorías: 160 Carbohidratos: 13 g Grasa: 9 g Proteína: 8 g Azúcar: 1 g Sodio: 195 mg Colesterol: 23 mg

12. Sándwich de queso a la parrilla

Tiempo de preparación: 15 minutos
Tiempo de cocción: 15 minutos
Porción: 1

Ingredientes
- 2 rebanadas de pan de molde

- 3 rebanadas de cualquier queso que te guste (mozzarella, cheddar, etc.)
- 1 cucharada de mantequilla derretida

Dirección:

1. Precaliente su freidora de aire a 350°F.
2. Untar con la mantequilla derretida un lado de cada trozo de pan. Poner las rebanadas de queso sobre el pan y hacer un sándwich.
3. Póngalo en la freidora de aire y fríalo a 350°F durante 10 minutos.
4. Sírvelo caliente y disfruta de tu sándwich de queso a la parrilla.
5. Rellenos para sándwiches
6. Añade un poco de pesto en el interior del sándwich y utiliza sólo queso mozzarella.
7. Ponga tocino cocido y use sólo queso cheddar.
8. Añade unas espinacas frescas con queso suizo dentro del sándwich.

Nutrición: Calorías: 606 Carbohidratos: 33 g Grasa: 42 g Proteína: 25 g Azúcar: 4 g Sodio: 944 mg Colesterol: 114 mg

13. Tostadas de plátano y nueces

Tiempo de preparación: 15 minutos
Tiempo de cocción: 25 minutos
Porción: 8 tostadas

Ingredientes

- 8 rebanadas de pan integral
- ¾ de taza de la leche que desee
- 1 plátano en rodajas
- 1 taza de copos de avena
- 1 taza de pacanas, nueces o cualquier otro fruto seco
- 2 cucharadas de semillas de lino molidas (opcional)
- 1 cucharadita de canela

Dirección:

1. Precaliente su freidora de aire a 350°F.
2. Ponga las nueces, la avena, la canela y las semillas de lino en un procesador de alimentos y pulse hasta que parezca pan rallado. Pásalo a un plato ancho y poco profundo.

3. Vierta la leche en un recipiente de inmersión. Remojar 1 ó 2 trozos de pan durante 15 segundos por un lado, luego darle la vuelta y seguir remojando durante 15 segundos más. Transfiera los trozos remojados a la mezcla de avena y nueces y cúbralos por ambos lados.

4. Coloque las rebanadas de pan preparadas en la cesta de la freidora de aire en una sola capa. Cocínalas a 350°F durante 3 minutos, dales la vuelta y continúa la cocción durante 3 minutos más.

5. Repetir los pasos 3 y 4 con el resto de las rebanadas de pan.

6. Servir con jarabe de arce y rodajas de plátano. Disfruta de tus tostadas francesas de plátano y nueces!

Nutrición: Calorías: 520 Carbohidratos: 59,4 g Grasa: 22,9 g Proteína: 20,7 g Azúcar: 12,2 g Sodio: 275 mg Colesterol: 4 mg

14. Frittata

Tiempo de preparación: 20 minutos
Tiempo de cocción: 30 minutos
Raciones: 2

Ingredientes

- 4 huevos
- ½ taza de salchicha cocida y picada
- ½ taza de queso cheddar rallado
- 1 cebolla verde picada
- 2 cucharadas de pimiento rojo picado
- 1 pizca de cayena en polvo

Dirección:

1. Precaliente su freidora de aire a 350°F. Engrasa ligeramente un molde de 6 pulgadas con un poco de aceite.

2. Batir los huevos en un bol grande. Añadir la salchicha, el pimiento, el queso, la cebolla y la cayena en polvo, y mezclar hasta que estén bien combinados.

3. Transfiera la mezcla de huevo al molde preparado y cocine en la freidora de aire a 350°F durante 18-20 minutos. Comprueba que está listo usando un palillo; debe salir limpio después de insertarlo en el centro.

4. Servir con cualquier verdura fresca y verduras. Disfrute de su Frittata!

Nutrición: Calorías: 380 Carbohidratos: 2,9 g Grasa: 27,4 g Proteína: 31,2 g Sodio: 693 mg Colesterol: 443 mg

15. Taquitos de queso y champiñones

Tiempo de preparación: 20 minutos
Tiempo de cocción: 40 minutos
Porción: 8 Taquitos

Ingredientes

- 8 tortillas integrales
- 2-3 setas de cardo
- 1 taza de queso cheddar rallado
- 1 cucharada de zumo de lima
- 1/8 de taza de aceite de oliva
- ¼ de cucharada de chile en polvo
- 1 cucharadita de comino molido
- 1 cucharadita de pimentón
- ½ cucharadita de orégano seco
- ½ cucharadita de ajo en polvo
- ¼ de cucharadita de sal
- ¼ de cucharadita de pimienta negra
- ¼ de cucharadita de cebolla en polvo

Dirección:

1. Limpie las setas de ostra antes de utilizarlas. Córtelos a lo largo en rodajas de 1/8 de pulgada de grosor.
2. Mezcle el chile, el comino, el pimentón, el orégano, el ajo, la sal, la pimienta y la cebolla en polvo en un bol. Vierta el zumo de lima con el aceite y mezcle.
3. Coloque los champiñones en rodajas en el bol y cúbralos con las especias. Precaliente su freidora de aire a 350°F. Hornee en la freidora de aire durante 7-10 minutos.
4. Dividir los champiñones cocidos entre 8 tortillas. Añade queso rallado y haz un rollo fino con cada tortilla rellena.
5. Engrase todas las tortillas enrolladas con un poco de aceite y hornéelas en la freidora de aire a 375°F durante 10 minutos.
6. Puedes servirlo con guacamole o pico de gallo. Disfruta de tus Taquitos de Queso y Champiñones!

Nutrición: Calorías: 325 Carbohidratos: 29,7 g Grasa: 18 g Proteína: 10,1 g Sodio: 370 mg Colesterol: 30 mg

16. Cazuela de salchichas molidas

Tiempo de preparación: 15 minutos
Tiempo de cocción: 30 minutos
Porción: 6
Ingredientes

- 4 huevos
- 1 libra de salchicha molida
- 1 libra de papas fritas
- 1 pimiento amarillo picado
- 1 pimiento verde picado
- 1 pimiento rojo picado
- ¼ de taza de cebolla picada
- Una pizca de sal y pimienta negra, al gusto

Dirección:
1. Precaliente su freidora de aire a 355°F. Engrasa un molde para pasteles con un poco de aceite.
2. En primer lugar, pon las patatas fritas en el fondo del molde, luego esparce la salchicha sin cocinar, espolvorea sal y pimienta negra. Cúbralo con las cebollas y los pimientos.
3. Hornear en la freidora de aire a 355°F durante 10 minutos.
4. Mientras tanto, bate los huevos con los condimentos en un bol. Vierta la mezcla de huevos sobre la parte superior de la cazuela y continúe la cocción durante 10 minutos más.
5. Sirva caliente y disfrute de su cazuela de salchichas molidas.

Nutrición: Calorías: 517 Carbohidratos: 27 g Grasa: 37 g Proteína: 21 g Sodio: 1.092 mg Colesterol: 189 mg

17. Tarta de café de zanahoria en la freidora

Tiempo de preparación: 15 minutos
Tiempo de cocción: 35 minutos
Porción: 6
Ingredientes:

- 1/3 de taza de nueces, picadas y tostadas
- 1 huevo grande, ligeramente batido, tibio

- 1/4 de taza de arándanos, secos
- 1/2 taza de suero de leche
- 1 taza de zanahorias ralladas
- 1/3 de taza de azúcar y 2 cucharadas de azúcar, divididas
- 1/4 de cucharadita de sal
- 3 cucharadas de aceite de canola
- 1/4 de cucharadita de bicarbonato de sodio
- 2 cucharadas de azúcar moreno
- 2 cucharaditas de especias para pastel de calabaza, divididas
- 1 cucharadita de ralladura de naranja
- 1/3 de taza de harina blanca de trigo integral
- 1 cucharadita de extracto de vainilla
- 2/3 de taza de harina común
- 1 cucharadita de polvo de hornear

Dirección:

1. Precalentar la freidora a 350 F. Engrasar y enharinar un molde redondo de 6 pulgadas. Bata la vainilla, la ralladura de naranja, el azúcar moreno, el aceite, 1/3 de taza de azúcar, el suero de leche y el huevo en un bol grande. Batir las harinas, la sal, 1 cucharadita de especias para pastel de calabaza y la levadura en polvo en otro. Bata poco a poco el contenido en la mezcla de huevos. A continuación, incorpore los arándanos secos y las zanahorias. Póngalo en el molde preparado.

2. Combine la cucharadita restante de especia de calabaza, 2 cucharadas de azúcar y las nueces en un bol pequeño. Rocíe uniformemente sobre la masa. Ponga la sartén con cuidado en una cesta grande de la freidora de aire.

3. Fría al aire libre durante unos 35 a 40 minutos hasta que un palillo salga limpio al insertarlo en el centro. Si la parte superior está demasiado oscura, cúbrala bien con papel de aluminio. Dejar enfriar durante 10 minutos en la sartén sobre una rejilla antes de sacarlo de la sartén. Servir mientras esté caliente.

Valores nutricionales: Calorías: 316 | Carbohidratos: 46g | Colesterol: 32mg | Grasas: 13g | Grasas saturadas: 1g | Sodio: 297mg | Fibra: 3g | Proteínas: 6g | Azúcares: 27g

18. **Palitos de tostadas francesas para freír en el aire**

Tiempo de preparación: 20 minutos
Tiempo de cocción: 10 minutos
Porción: 2

Ingredientes

- Jarabe de arce
- 6 rebanadas de pan tostado del día
- Azúcar de repostería, si se desea
- 4 huevos grandes
- 1 taza de copos de maíz (triturados), si se desea
- 1 taza de leche al 2 por ciento
- 1 cucharadita de extracto de vainilla
- 2 cucharadas de azúcar
- 1/4 a 1/2 cucharadita de canela molida

Dirección:

1. Cortar cada trozo de pan en tercios. Páselo a una fuente sin engrasar de 13x9 pulgadas. Bata los huevos, la canela, la vainilla, el azúcar y la leche en un bol grande. Extender sobre el pan. Remojar durante dos minutos y dar la vuelta una vez. Cubrir el pan por todos los lados con las migas de copos de maíz.
2. Páselo a un molde engrasado de 15x10x1 pulgadas y métalo en el congelador durante unos 45 minutos hasta que esté firme. Pasar a una bolsa de congelación con cierre o a un recipiente hermético y guardar en el congelador.
3. Utilizar palitos de tostada francesa congelados: Precaliente la freidora de aire a 350 grados F. Disponga los palitos en una bandeja engrasada en la cesta. Fría al aire durante 3 minutos. Déle la vuelta y continúe la cocción durante 2 o 3 minutos hasta que se doren. Si lo desea, rocíe con azúcar de repostería. Servir con jarabe.

Valores nutricionales: Calorías: 184 | Carbohidratos: 24g | Colesterol: 128mg | Grasas: 6g | Grasas saturadas: 2g | Sodio: 253mg | Fibra: 1g | Proteínas: 8g | Azúcares: 8g

19. **Rollos de huevo con queso para el desayuno**

Tiempo de preparación: 30 minutos

Tiempo de cocción: 10 minutos

Servir: 12

Ingredientes

- Salsa o jarabe de arce, si se desea
- ½ libra de salchicha de cerdo a granel
- Spray de cocina
- ½ taza de queso cheddar afilado rallado
- 12 envoltorios de rollos de huevo
- 1 cucharada de leche al 2 por ciento
- 1 cucharada de mantequilla
- ½ taza de queso Monterey Jack, rallado
- 1/8 cucharadita de pimienta
- 1 cucharada de cebollas verdes picadas
- ¼ de cucharadita de sal
- 4 huevos grandes

Dirección:

1. A fuego medio, cocine la salchicha desmenuzada en una sartén antiadherente de 4 a 6 minutos hasta que desaparezca el color rosado. Añada las cebollas verdes y los quesos. Reservar. Limpie la sartén hasta que esté limpia.

2. Batir la leche, los huevos, la pimienta y la sal en un bol pequeño hasta que se mezclen. A fuego medio, derretir la mantequilla en la misma sartén. Añadir la mezcla de huevos y cocinar sin dejar de remover hasta que no quede huevo líquido y los huevos estén espesos. Añadir la mezcla de salchichas y remover.

3. Precaliente la freidora de aire a 400 grados F. Ponga una esquina del envoltorio del rollo de huevo para que apunte hacia usted. Vierta ¼ de taza de relleno por debajo de la mitad del envoltorio. (Utilice una toalla de papel húmeda para cubrir el resto de los envoltorios hasta el momento de utilizarlos). Dobla la esquina inferior sobre el relleno y luego humedece el resto de los bordes del envoltorio con agua. Dobla las esquinas laterales hacia el centro sobre el relleno. Enrolle el rollo de huevo y séllelo presionando en la punta. Repite este proceso con el resto de los envoltorios.

4. Trabajando por tandas, extienda los rollos de huevo en una bandeja engrasada en la cesta de la freidora y rocíe el spray de cocina. Fría al aire libre durante 3 o 4 minutos. Dar la vuelta y

rociar con spray de cocina. Continúe cocinando de 3 a 4 minutos hasta que estén crujientes y dorados. Puede servir con salsa o jarabe de arce si lo desea.

Nutrición: Calorías: 209 | Carbohidratos: 19g | Colesterol: 87mg | Grasas: 10g | Grasas saturadas: 4g | Sodio: 438mg | Fibra: 1g | Proteínas: 10g

20. Tazas de tostadas francesas con frambuesas en la freidora

Tiempo de preparación: 20 minutos
Tiempo de cocción: 20 minutos
Porción: 2

Ingredientes

- 1 cucharada de jarabe de arce
- 2 rebanadas de pan italiano, cortadas en cubos de media pulgada
- 1/2 taza de leche entera
- 1/2 taza de frambuesas (frescas o congeladas)
- 2 huevos grandes
- 2 onzas de queso crema, cortado en cubos de media pulgada

Jarabe de frambuesa

- Canela molida, si se desea
- 2 cucharaditas de maicena
- ½ cucharadita de ralladura de limón
- 1/3 de taza de agua
- 1 cucharada de zumo de limón
- 2 tazas de frambuesas (frescas o congeladas), divididas
- 1 cucharada de jarabe de arce

Dirección:

1. Divida ½ de los cubos de pan entre dos tazas de flan engrasadas de 8 onzas. Rocíe con el queso crema y las frambuesas. Añada el resto del pan por encima. Bata el jarabe, la leche y los huevos en un bol pequeño. Vierta sobre el pan. Cúbralo y póngalo a enfriar en el frigorífico durante al menos una hora.
2. Precaliente el aparato de la freidora de aire a 325 grados F. Transfiera las tazas de natillas a la bandeja de la cesta de la

freidora. Fría al aire durante unos 12 a 15 minutos hasta que estén hinchados y dorados.

3. Mientras tanto, mezcle el agua y la maicena en una cacerola pequeña hasta que esté suave. Vierta 1-1/2 tazas de frambuesas, la ralladura de limón, el sirope y el zumo de limón. Caliéntelo hasta que hierva y luego baje el fuego. Cocer removiendo durante dos minutos hasta que espese. Colar y eliminar las semillas. Dejar enfriar un poco.

4. Revuelva con cuidado la media taza restante de bayas en el jarabe. Si lo desea, rocíe con canela las tazas de tostadas francesas. Servir junto con el sirope.

Nutrición: Calorías: 406 | Carbohidratos: 50g | Colesterol: 221mg | Grasas: 18g | Grasas saturadas: 8g | Sodio: 301mg | Fibra: 11g | Proteínas: 14g | Azúcares: 24g

21. Croquetas de desayuno con huevo y espárragos en la freidora

Tiempo de preparación: 30 minutos
Tiempo de cocción: 15 minutos
Porciones: 6

Ingredientes

- Spray de cocina
- 3 cucharadas de mantequilla
- 3 huevos grandes batidos
- 1-3/4 tazas de pan rallado panko
- 3 cucharadas de harina común
- 1/4 de cucharadita de pimienta
- 3/4 de taza de leche al 2 por ciento
- 1/4 de cucharadita de sal
- 6 huevos grandes, duros y picados
- 1 cucharada de estragón fresco picado
- ½ taza de espárragos frescos, en rodajas
- 1/3 de taza de queso cheddar rallado
- ½ taza de cebollas verdes, cortadas en rodajas

Dirección:

1. A fuego medio, derretir la mantequilla en una cacerola grande. Añadir la harina y remover hasta que esté suave. Cocinar

removiendo durante 1 o 2 minutos hasta que se dore ligeramente. Incorporar lentamente la leche. Cocinar sin dejar de remover hasta que la mezcla se espese. Añadir el estragón, el queso, la pimienta, la sal, las cebollas verdes, los espárragos y los huevos duros. Enfriar durante al menos dos horas.

2. Precaliente la freidora a una temperatura de 350 F. Forme con ¼ de taza de la mezcla de huevo 12 óvalos largos de 3 pulgadas. Coloque los huevos y el pan rallado en diferentes cuencos poco profundos. Pase los troncos por el pan rallado para cubrirlos y sumérjalos en el huevo. Volver a pasarlos por el pan rallado y darles unas palmaditas para que se adhieran.

3. Trabajando por tandas, disponga las croquetas en una bandeja engrasada en la cesta de la freidora en una sola capa. Rocíe con spray de cocina. Fría al aire libre de 8 a 10 minutos hasta que se doren. Darles la vuelta y rociarlas con spray de cocina. Continuar la cocción de 3 a 5 minutos hasta que se doren.

Nutrición: Calorías: 294 | Carbohidratos: 18g | Colesterol: 303mg | Grasas: 17g | Grasas saturadas: 8g | Sodio: 348mg | Fibra: 1g | Proteínas: 15g | Azúcares: 3g

22. Desayuno con patatas dulces en la freidora

Tiempo de preparación: 7 minutos
Tiempo de cocción: 23 minutos
Porciones: 4

Ingredientes

- 1 tomate pequeño en rodajas
- 2 cebollas verdes picadas
- 4 rebanadas de tocino cocido
- Pimienta y sal
- 4 huevos
- 2 cucharaditas de aceite de oliva
- ¼ de taza de leche entera
- 2 batatas medianas

Dirección:

1. Limpiar los boniatos y luego añadir 3 o 4 cortes a las patatas. Calentar en el microondas de 6 a 8 minutos, dependiendo del tamaño, hasta que estén blandas.

2. Cortar las patatas por la mitad a lo largo con un guante de cocina. Saque la pulpa de la patata y deje ¼ de pulgada alrededor de los bordes. Reservar la patata recogida para otro uso.

3. Unte las pieles de patata con aceite de oliva y rocíe con sal marina. Coloca las pieles en la cesta de la freidora y fríelas durante 10 minutos a 400 F.

4. Mientras tanto, añadir la leche, los huevos, la pimienta y la sal a la sartén antiadherente. A fuego medio, cocine la mezcla sin dejar de remover hasta que no se vea ningún huevo líquido.

5. Añadir una loncha de bacon desmenuzado y ¼ de huevo revuelto sobre cada piel de patata cocida. Cubra con queso rallado. Vuelva a colocar en la cesta de su freidora de aire y deje que se cocine a 400 F durante 3 minutos o hasta que el queso se haya derretido.

6. Cubrir con tomate y cebolla de verdeo y servir.

Valores nutricionales: Calorías: 208 | Carbohidratos: 14g | Colesterol: 7g | Grasas: 12g | Grasas saturadas: 4g | Sodio: 199mg | Fibra: 2g | Proteínas: 12g

23. Galletas de desayuno en la freidora

Tiempo de preparación: 20 minutos
Tiempo de cocción: 10 minutos
Raciones: 2

Ingredientes

- 1 taza de pasas o arándanos secos
- 1 taza de plátanos maduros, triturados (unos 2 medianos)
- ¼ de cucharadita de bicarbonato de sodio
- ½ taza de mantequilla de cacahuete en trozos
- ½ cucharadita de sal
- ½ taza de miel
- 2 cucharaditas de canela molida
- 1 cucharadita de extracto de vainilla
- ¼ de taza de leche en polvo descremada
- ½ taza de harina de trigo integral
- 1 taza de avena a la antigua usanza

Dirección:

1. Precalentar la freidora de aire a una temperatura de 300 F. En un bol, batir la vainilla, la miel, la mantequilla de cacahuete y el plátano hasta que se mezclen. Mezcle el bicarbonato, la sal, la canela, la leche en polvo, la harina y la avena en un segundo bol. A continuación, batir lentamente con la mezcla de plátano. Añadir los arándanos secos y remover.
2. Trabajando en tandas, vierta la masa por ¼ de taza en una bandeja engrasada en la cesta de la freidora con dos pulgadas de separación. Formar en media pulgada de espesor.
3. Freír al aire libre de 6 a 8 minutos hasta que se doren ligeramente. Dejar enfriar en la cesta durante un minuto. Transfiera a las rejillas de alambre.
4. Servir cuando aún está caliente o tibio.
5. Opción de congelación: Coloca las galletas en recipientes para congelar y congela. Asegúrese de separar las capas con papel encerado. Cuando vaya a utilizarlas, descongélelas antes de servirlas o, si lo desea, vuelva a calentarlas en una freidora de aire precalentada a 300 F durante aproximadamente un minuto hasta que se calienten.

Nutrición: Calorías: 212 | Carbohidratos: 38g | Grasas: 6g | Grasas saturadas: 1g | Sodio: 186mg | Fibra: 4g | Proteínas: 5g | Azúcares: 25g

24. Tocino confitado en la freidora

Tiempo de preparación: 5 minutos
Tiempo de cocción: 18 minutos
Porciones: 12

Ingredientes

- 8 onzas de tocino cortado grueso
- 1 cucharada de vinagre de vino de arroz
- 6 cucharadas de jarabe de arce o miel
- ¼ de taza de pasta de miso blanco
- 1 cucharada de mantequilla

Dirección:

1. Precaliente su freidora de aire a 390 grados F.
2. A fuego medio, derrita la mantequilla en una cacerola pequeña. Ajuste el fuego a medio-alto y luego vierta el vinagre de vino de arroz, la miel y la pasta de miso. Remueva hasta que los

ingredientes estén bien combinados. Llevar a ebullición. Retirar de la fuente de calor y reservar.

3. Extienda el tocino en una sola capa en la cesta. Evite que se superponga. Cocine durante unos 3 ó 4 minutos por cada lado. Unte una fina capa de glaseado de miso en un lado del bacon con una brocha de pastelería. Cocine durante un minuto más. El bacon debe estar pegajoso y crujiente.

Nutrición: Calorías: 131 | Carbohidratos: 10g | Colesterol: 15mg | Grasas: 9g | Grasas saturadas: 3g | Sodio: 347mg | Proteínas: 3g

Consejos de cocina Si no quieres perder la grasa del bacon, puedes añadir una rebanada de pan en el fondo o forrar el fondo de la cesta con papel de aluminio.

25. Sapo en el agujero de la freidora

Tiempo de preparación: 10 minutos
Tiempo de cocción: 25 minutos
Porciones: 4

Ingredientes

- Si se desea: 1 tira de bacon, cocida y desmenuzada, y perejil picado
- 8 eslabones de salchicha de pavo para el desayuno, congelados
- 1/8 cucharadita de pimienta
- 1/8 cucharadita de sal
- 2 huevos grandes
- 1 cucharadita de mostaza molida a la piedra
- 1 taza de leche al 2 por ciento
- 1 cucharadita de cebolla en polvo
- 1/2 taza de harina de uso general

Dirección:

1. Precaliente la freidora de aire a una temperatura de 400 F. Corte las salchichas por la mitad a lo ancho. Colóquelas en una bandeja para hornear de 6 pulgadas que esté engrasada. Ponga la bandeja en la cesta de la freidora de aire. Fría al aire durante 6 a 8 minutos, dándoles la vuelta una vez, hasta que se doren ligeramente.

2. Mientras tanto, bata la leche, los huevos, la mostaza, la pimienta, la sal y la cebolla en polvo. Incorpore el tocino si lo desea. Añadir sobre las salchichas. Cocinar durante unos 10 a

15 minutos hasta que se doren y se hinchen. Servir enseguida. Adornar con perejil si se desea.

Nutrición: Calorías: 257 | Carbohidratos: 16g | Colesterol: 143mg | Grasas: 15g | Grasas saturadas: 5g | Sodio: 494mg | Fibra: 1g | Proteínas: 16g | Azúcares: 3g

26. <u>Paquetes de desayuno de jamón y queso para freír al aire libre</u>

Tiempo de preparación: 35 minutos
Tiempo de cocción: 10 minutos
Porciones: 4

Ingredientes

- 2 cucharaditas de cebollino picado
- 5 hojas de masa filo (14x9 pulgadas)
- 2 cucharaditas de pan rallado sazonado
- 1/4 de taza de mantequilla derretida
- 1/4 de taza de queso provolone rallado
- 2 onzas de queso crema, cortado en 4 trozos
- 1/4 de taza de jamón cocido, totalmente picado
- 4 huevos grandes
- 1/8 cucharadita de pimienta
- 1/8 cucharadita de sal

Dirección:

1. Precaliente la freidora a 325 grados F. En una superficie de trabajo, coloque una hoja de la masa filo. Frote con mantequilla. Coloque otras 4 hojas de filo y unte cada capa con mantequilla. (Cubra el resto de la filo con una toalla húmeda para evitar que se sequen). Cortar las láminas en capas por la mitad en sentido transversal y luego en sentido longitudinal.

2. Pasar cada pila a un ramekin engrasado de 4 oz. Añadir un trozo de queso crema para rellenar cada uno. Rompa suavemente 1 huevo en cada taza. Rocíe con pimienta y sal. Cubra con cebollino, pan rallado, queso y jamón. Juntar la filo por encima del relleno. Sellar pellizcando y formar fajos.

3. Colocar los moldes en la bandeja de la cesta y untarlos con el resto de la mantequilla. Freír al aire libre de 10 a 12 minutos hasta que se doren. Servir mientras estén calientes.

Nutrición: Calorías: 301 | Carbohidratos: 10g | Colesterol: 241mg | Grasas: 24g | Grasas saturadas: 13g | Sodio: 522mg | Proteínas: 12g | Azúcares: 1g

27. Tazas de Wonton de huevos revueltos

Tiempo de preparación: 15 minutos
Tiempo de cocción: 10 minutos
Porciones: 3
Ingredientes:

- 6 envoltorios de wonton
- 6 huevos
- 3 Salchichas de desayuno
- 2 pimientos grandes
- 4 hongos
- 3 cebollas
- Mantequilla
- Sal y pimienta al gusto

Direcciones:
1. Precaliente la Air Fryer Grill PowerXL a 177°C o 350°F.
2. Haz los huevos revueltos.
3. Doblar los envoltorios pincelados con mantequilla en el molde para magdalenas
4. Mezcla los ingredientes en un bol y ponlos en los envoltorios.
5. Hornear durante 10 minutos.

Nutrición: Calorías: 130; Carbohidratos: 7g; Proteínas: 9g; Grasas: 7g.

28. Shakshuka en sartén

Tiempo de preparación: 15 minutos
Tiempo de cocción: 10 minutos
Porciones: 4
Ingredientes:

- 4 huevos grandes
- 1 chile Anaheim grande, picado
- 2 cucharadas de aceite vegetal
- 1/2 taza de cebolla picada
- 1 cucharadita de comino molido

- 2 dientes de ajo picados
- 1/2 taza de queso feta
- 1/2 cucharadita de pimentón
- 1 lata de tomates
- Sal y pimienta

Direcciones:

1. Saltear el chile y las cebollas en aceite vegetal hasta que estén tiernos.
2. Vierta el resto de los ingredientes, excepto los huevos, y cocine hasta que espese.
3. Hacer 4 bolsillos para verter los huevos.
4. Hornee durante 10 minutos a 191°C o 375°F en la parrilla de la freidora de aire PowerXL.
5. Remátalo con feta.

Nutrición: Calorías: 219; Carbohidratos: 20g; Proteínas: 10g; Grasas: 11g.

29. Pollo al ajo con yogur

Tiempo de preparación: 30 minutos
Tiempo de cocción: 60 minutos
Porciones: 6
Ingredientes:

- Panes de pita cortados por la mitad (6 piezas)
- Pepino inglés, cortado en rodajas finas, con cada rodaja partida por la mitad (1 taza)

Pollo y verduras:

- Aceite de oliva (3 cucharadas)
- Pimienta negra recién molida (1/2 cucharadita)
- Muslos de pollo sin piel y sin hueso (20 onzas)
- Pimiento rojo, cortado en porciones de media pulgada (1 pieza)
- Dientes de ajo, picados finamente (4 piezas)
- Comino molido (1/2 cucharadita)
- Cebolla roja, mediana, cortada en gajos de media pulgada (1 pieza)
- Yogur, natural, sin grasa (1/2 taza)
- Zumo de limón (2 cucharadas)
- Sal (1 ½ cucharaditas)
- Copos de pimienta roja triturados (1/2 cucharadita)
- Pimienta de Jamaica molida (1/2 cucharadita)
- Pimiento amarillo, cortado en porciones de media pulgada (1 pieza)

Salsa de yogur:

- Aceite de oliva (2 cucharadas)
- Sal (1/4 cucharadita)
- Perejil de hoja plana, picado finamente (1 cucharada)
- Yogur, natural, sin grasa (1 taza)
- Zumo de limón fresco (1 cucharada)
- Diente de ajo, picado finamente (1 pieza)

Direcciones:

1. Mezclar el yogur (1/2 taza), los dientes de ajo (4 trozos), el aceite de oliva (1 cucharada), la sal (1 cucharadita), el zumo de limón (2 cucharadas), la pimienta (1/4 de cucharadita), la pimienta de Jamaica, el comino y los copos de pimienta. Incorporar el pollo y cubrirlo bien. Tapar y dejar marinar en la nevera durante dos horas.
2. Precaliente la freidora de aire a 400 grados Fahrenheit.
3. Engrasar una bandeja de horno con borde (18x13 pulgadas) con spray de cocina.
4. Mezcle los pimientos y la cebolla con el aceite de oliva restante (2 cucharadas), la pimienta (1/4 de cucharadita) y la sal (1/2 cucharadita).
5. Coloque las verduras en el lado izquierdo de la bandeja de hornear y los muslos de pollo marinados (escurridos primero) en el lado derecho. Cocine en la freidora de aire durante veinticinco a treinta minutos.
6. Mezclar los ingredientes de la salsa de yogur.
7. Cortar el pollo frito en tiras de media pulgada.
8. Cubra cada ronda de pita con tiras de pollo, verduras asadas, pepinos y salsa de yogur.

Nutrición: Calorías 380 Grasas 15,0 g Proteínas 26,0 g Hidratos de carbono 34,0 g

30. Salmón al limón y parmesano

Tiempo de preparación: 10 minutos
Tiempo de cocción: 25 minutos
Porciones: 4

Ingredientes:

- Mantequilla derretida (2 cucharadas)
- Cebollas verdes, cortadas en rodajas finas (2 cucharadas)
- Pan rallado, blanco, fresco (3/4 de taza)
- Hojas de tomillo seco (1/4 de cucharadita)
- Filete de salmón, 1 ¼ libra (1 pieza)
- Sal (1/4 cucharadita)
- Queso parmesano rallado (1/4 de taza)
- Cáscara de limón, rallada (2 cucharaditas)

Direcciones:

1. Precaliente la freidora de aire a 350 grados Fahrenheit.

2. Rocíe un spray de cocina en una bandeja para hornear (poco profunda). Rellenar con el salmón secado con palitos. Unte el salmón con mantequilla (1 cucharada) antes de espolvorear con sal.

3. Combine el pan rallado con las cebollas, el tomillo, la cáscara de limón, el queso y la mantequilla restante (1 cucharada).

4. Cubrir el salmón con la mezcla de pan rallado. Fría al aire libre de quince a veinticinco minutos.

Nutrición: Calorías 290 Grasas 16,0 g Proteínas 33,0 g Hidratos de carbono 4,0 g

31. La tarta de atún más fácil de hacer

Tiempo de preparación: 15 minutos
Tiempo de cocción: 25 minutos
Porciones: 4
Ingredientes:
- Agua fría (1/3 de taza)
- Atún en lata, escurrido (10 onzas)
- Condimento de pepinillos dulces (2 cucharadas)
- Verduras mixtas congeladas (1 ½ tazas)
- Sopa, crema de pollo, condensada (10 ¾ onzas)
- Pimientos, en rodajas, escurridos (2 onzas)
- Zumo de limón (1 cucharadita)
- Pimentón

Direcciones:
1. Precaliente la freidora de aire a 375 grados Fahrenheit.
2. Rocíe spray de cocina en una cacerola redonda (1 ½ cuartos).
3. Mezcle las verduras congeladas con la leche, la sopa, el zumo de limón, el condimento, los pimientos y el atún en una cacerola. Cocine de seis a ocho minutos a fuego medio.
4. Rellenar la cazuela con la mezcla de atún.
5. Mezclar la mezcla de galletas con agua fría para formar una masa blanda. Batir durante medio minuto antes de verter cuatro cucharadas en la cazuela.
6. Espolvorear el plato con pimentón antes de freírlo al aire durante veinte o veinticinco minutos.

Nutrición: Calorías 320 Grasas 11,0 g Proteínas 28,0 g Carbohidratos 31,0 g

32. Bollos de cerdo deliciosamente caseros

Tiempo de preparación: 20 minutos
Tiempo de cocción: 25 minutos
Porciones: 8
Ingredientes:

- Cebollas verdes, cortadas en rodajas finas (3 piezas)
- Huevo batido (1 pieza)
- Carne de cerdo cortada en dados con salsa barbacoa (1 taza)
- Galletas de suero de leche, refrigeradas (16 1/3 onzas)
- Salsa de soja (1 cucharadita)

Direcciones:

1. Precaliente la freidora de aire a 325 grados Fahrenheit.
2. Utiliza papel de pergamino para forrar tu bandeja de hornear.
3. Combine la carne de cerdo con las cebollas verdes.
4. Separe y presione la masa para formar 8 rondas de cuatro pulgadas.
5. Rellene el centro de cada ronda de galletas con dos cucharadas de la mezcla de cerdo. Cubrir con los bordes de la masa y sellar pellizcando. Colocar los bollos en la plancha y pincelar con una mezcla de salsa de soja y huevo.
6. Cocinar en la freidora de aire de veinte a veinticinco minutos.

Nutrición: Calorías 240 Grasas 9,0 g Proteínas 8,0 g Carbohidratos 29,0 g

33. Atún derretido que hace la boca agua

Tiempo de preparación: 15 minutos
Tiempo de cocción: 20 minutos
Porciones: 8
Ingredientes:

- Sal (1/8 cucharadita)
- Cebolla picada (1/3 de taza)
- Galletas refrigeradas, capas hojaldradas (16 1/3 onzas)
- Atún envasado en agua y escurrido (10 onzas)
- Mayonesa (1/3 de taza)
- Pimienta (1/8 cucharadita)
- Queso Cheddar rallado (4 onzas)

- Tomate picado
- Nata agria
- Lechuga rallada

Direcciones:

1. Precaliente la freidora de aire a 325 grados Fahrenheit.
2. Rocíe el spray de cocina en una bandeja para galletas.
3. Mezclar el atún con la mayonesa, la pimienta, la sal y la cebolla.
4. Separe la masa de modo que tenga 8 galletas; presione cada una en rondas de 5 pulgadas.
5. Colocar 4 rondas de galletas en la plancha. Rellene el centro con la mezcla de atún antes de cubrirlo con queso. Cubrir con el resto de las galletas y presionar para sellarlas.
6. Freír al aire libre de quince a veinte minutos. Corta cada sándwich en mitades. Sirve cada pieza con lechuga, tomate y crema agria.

Nutrición: Calorías 320 Grasas 18,0 g Proteínas 14,0 g Carbohidratos 27,0 g

34. Alitas de Tocino

Tiempo de preparación: 15 minutos
Tiempo de cocción: 1 h 15 min
Porciones: 12

Ingredientes:

- Tiras de tocino (12 piezas)
- Pimentón (1 cucharadita)
- Pimienta negra (1 cucharada)
- Orégano (1 cucharadita)
- Alitas de pollo (12 piezas)
- Sal Kosher (1 cucharada)
- Azúcar moreno (1 cucharada)
- Chili en polvo (1 cucharadita)
- Palitos de apio
- Aderezo de queso azul

Direcciones:

1. Precaliente la freidora de aire a 325 grados Fahrenheit.

2. Mezcle el azúcar, la sal, el chile en polvo, el orégano, la pimienta y el pimentón. Cubra las alas de pollo con este aliño seco.

3. Envuelva cada alita con una tira de bacon. Coloque las alas envueltas en la cesta de la freidora.

4. Cocinar durante treinta minutos por cada lado en la freidora de aire. Deje que se enfríe durante cinco minutos.

5. Servir y disfrutar con apio y queso azul.

Nutrición: Calorías 100 Grasas 5,0 g Proteínas 10,0 g Hidratos de carbono 2,0 g

35.   Cordero al pesto de pimienta

Tiempo de preparación: 15 minutos
Tiempo de cocción: 1 h 15 min
Porciones: 12
Ingredientes:
Pesto:

- Hojas de romero frescas (1/4 de taza)
- Dientes de ajo (3 piezas)
- Perejil, fresco, empaquetado firmemente (3/4 de taza)
- Hojas de menta fresca (1/4 de taza)
- Aceite de oliva (2 cucharadas)

Cordero:

- Pimientos rojos asados, escurridos (7 ½ onzas)
- Pierna de cordero, sin hueso, enrollada (5 libras)
- Condimento, pimienta de limón (2 cucharaditas)

Direcciones:
1. Precaliente el horno a 325 grados Fahrenheit.

2. Mezclar los ingredientes del pesto en el procesador de alimentos.

3. Desenrollar el cordero y cubrir el lado cortado con pesto. Cubre con pimientos asados antes de enrollar el cordero y atarlo con hilo de cocina.

4. Cubrir el cordero con el condimento (pimienta de limón) y freírlo al aire libre durante una hora.

Nutrición: Calorías 310 Grasas 15,0 g Proteínas 40,0 g Carbohidratos 1,0 g

36. Cazuela de atún y espinacas

Tiempo de preparación: 30 minutos
Tiempo de cocción: 25 minutos
Porciones: 8
Ingredientes:

- Sopa de champiñones, cremosa (18 onzas)
- Leche (1/2 taza)
- Atún blanco, sólido, en agua, escurrido (12 onzas)
- Panecillos de media luna, refrigerados (8 onzas)
- Fideos de huevo, anchos, sin cocer (8 onzas)
- Queso Cheddar rallado (8 onzas)
- Espinacas picadas, congeladas, descongeladas y escurridas (9 onzas)
- Ralladura de limón (2 cucharaditas)

Direcciones:

1. Precaliente el horno a 350 grados Fahrenheit.
2. Rocíe spray de cocina en una fuente de vidrio para hornear (11x7 pulgadas).
3. Siga las instrucciones del paquete para cocinar y escurrir los fideos.
4. Revuelve el queso (1 ½ tazas) y la sopa en una sartén calentada a fuego medio. Una vez que el queso se derrita, agregue los fideos, la leche, las espinacas, el atún y la cáscara de limón. Una vez que burbujee, viértelo en el plato preparado.
5. Desenrollar la masa y espolvorear con el queso restante (1/2 taza). Enrolla la masa y pellizca las costuras para sellarlas. Cortar en 8 porciones y colocar sobre la mezcla de atún.
6. Fría al aire libre de veinte a veinticinco minutos.

Nutrición: Calorías 400 Grasas 19,0 g Proteínas 21,0 g Carbohidratos 35,0 g

37. Mini hamburguesas al estilo griego

Tiempo de preparación: 15 minutos
Tiempo de cocción: 40 min.
Porciones: 6
Ingredientes:
Mezcla de hamburguesas:

- Cebolla grande picada (1 pieza)
- Pimientos rojos asados, cortados en dados (1/2 taza)
- Cordero molido, 80% magro (1 libra)
- Copos de pimienta roja (1/4 de cucharadita)
- Queso feta desmenuzado (2 onzas)

Mezcla para hornear:

- Leche (1/2 taza)
- Mezcla de galletas, clásica (1/2 taza)
- Huevos (2 piezas)

Direcciones:

1. Precaliente la freidora de aire a 350 grados Fahrenheit.
2. Engrasar 12 moldes para magdalenas con spray de cocina.
3. Cocinar la cebolla y la carne en una sartén a fuego medio-alto. Una vez que la carne esté dorada y cocida, escúrrala y déjela enfriar durante cinco minutos. Mezcle con el queso feta, los pimientos rojos asados y las hojuelas de pimiento rojo.
4. Bata los ingredientes de la mezcla para hornear. Rellenar cada taza de muffin con la mezcla para hornear (1 cucharada).
5. Fría al aire libre de veinticinco a treinta minutos. Dejar enfriar antes de servir.

Nutrición: Calorías 270 Grasas 15,0 g Proteínas 19,0 g Hidratos de carbono 13,0 g

38. Ternera con ajo y pimientos

Tiempo de preparación: 30 minutos
Tiempo de cocción: 21 minutos
Porciones: 4

Ingredientes:

- Filetes de carne de 11 onzas (en rodajas)
- 1/2 taza de caldo de carne
- 2 cucharadas de aceite de oliva
- 2 cucharadas de salsa de pescado
- 4 dientes de ajo (prensados)
- 1 pimiento rojo (cortado en tiras finas)
- 4 cebollas verdes (en rodajas)
- 1 cucharada de azúcar
- 2 cucharaditas de harina de maíz

- Pimienta negra al gusto

Direcciones:

1. En una sartén, añada la carne, el aceite, el ajo, la pimienta negra y el pimiento, revuelva, tape y guarde en el refrigerador durante 30 minutos.
2. Precaliente la freidora de aire a 360°F.
3. Poner la sartén en la freidora de aire y cocinar durante 14 minutos. En un bol, mezcla el azúcar y la salsa de pescado, vierte sobre la carne y cocina 7 minutos más.
4. Servir y disfrutar.

Nutrición: Calorías: 243; Grasa: 3g; Carbohidratos: 24g; Proteínas: 38g

39. Escabeche de ternera y cebolla verde

Tiempo de preparación: 10 minutos
Tiempo de cocción: 20 minutos
Porciones: 4

Ingredientes:

- 1 libra de carne magra
- 1 taza de salsa de soja
- 5 dientes de ajo (picados)
- 1/4 de taza de semillas de sésamo
- 1/2 taza de agua
- 1 cucharadita de pimienta negra
- 1/4 de taza de azúcar moreno
- 1 taza de cebolla verde

Direcciones:

1. En un bol, añadir la salsa de soja, la cebolla, el azúcar, el agua, el ajo, las semillas de sésamo y la pimienta, batir. Añada la carne y revuelva para cubrirla, déjela durante 10 minutos.
2. Precaliente la freidora de aire a 390°F, escurra la carne y pásela a la freidora de aire. Cocine durante 20 minutos.
3. Servir con ensalada y disfrutar.

Nutrición: Calorías: 329; Grasas: 8g; Carbohidratos: 24g; Proteínas: 22g

40. Costillas y salsa de cerveza

Tiempo de preparación: 15 minutos

Tiempo de cocción: 43 minutos

Porciones: 6

Ingredientes:

- 4 libras de costillas cortas (cortadas en trozos pequeños)
- 1 hongo Portobello seco
- 1 cebolla amarilla (picada)
- 1 taza de caldo de pollo
- 6 ramitas de tomillo (picadas)
- 1/4 de taza de pasta de tomate
- 1 hoja de laurel
- 1 taza de cerveza negra
- Sal y pimienta al gusto

Direcciones:

1. Precaliente la freidora a 350°F.
2. En una sartén que quepa en su freidora de aire, caliente el aceite a fuego medio, añada la cebolla, el caldo, la pasta de tomate, la cerveza, los champiñones, el laurel y el tomillo. Cocine a fuego lento durante 3-5 minutos.
3. Añadir la costilla y transferirla a la freidora de aire, cocinar durante 40 minutos.
4. ¡Buen provecho!

Nutrición: Calorías: 300; Grasas: 7g; Carbohidratos: 18g; Proteínas: 23g

41. Mezcla de ternera y col

Tiempo de preparación: 10 minutos

Tiempo de cocción: 40 minutos

Porciones: 6

Ingredientes:

- Pecho de vaca de 2-1/2 lb.
- 3 dientes de ajo, preferiblemente prensados
- 1 taza de caldo de carne
- 1 col cortada en trozos
- 2 hojas de laurel
- 4 zanahorias picadas
- 2 nabos (cortados en trozos pequeños)
- Sal y pimienta negra al gusto

Direcciones:

1. Precaliente la freidora de aire a 360°F.
2. Ponga la carne en una cacerola, añada el caldo, la sal, la pimienta, las zanahorias, la col, las hojas de laurel, el ajo, el nabo, remueva, transfiera a la freidora de aire y tape. Cocer durante 40 minutos.
3. Servir y disfrutar.

Nutrición: Calorías: 355; Grasa: 16g; Carbohidratos: 18g; Proteínas: 24g

42. Pollo entero frito al aire libre

Tiempo de preparación: 10 minutos
Tiempo de cocción: 25 minutos
Porciones: 10

Ingredientes:

- 1 Pollo entero
- 1 cucharada de aceite
- 1 cucharadita de ajo en polvo
- 1 cucharadita de cebolla en polvo
- 1 cucharadita de pimentón
- 1 cucharadita de condimento italiano
- Sal o pimienta al gusto
- 1-1/2 taza de caldo de pollo

Direcciones:

1. Enmarcar y lavar el pollo
2. Precaliente la Air Fryer Grill PowerXL seleccionando el modo Air fry/grill
3. Ajustar la temperatura a 390°F, ajustar el tiempo a 5 minutos
4. Mezclar el condimento y frotar el pollo con la mitad del mismo
5. Colocar el pollo en la bandeja de horno, añadir el caldo.
6. Transferencia a la parrilla de la freidora de aire PowerXL
7. Freír al aire libre durante 25 minutos
8. Dale la vuelta al pollo y frótalo con el resto del condimento
9. Freír al aire libre durante otros 10 minutos
10. Disfrute de

Sugerencias para servir: Acompañar con ensalada

Instrucciones y consejos de cocina: el jugo se puede utilizar para preparar la salsa.

Nutrición: Calorías: 431; Grasas: 26g; Carbohidratos: 3g; Proteínas: 42g

43. Pavo asado al aire libre

Tiempo de preparación: 10 minutos
Tiempo de cocción: 40 minutos
Porciones: 6
Ingredientes:

- 2-3/4 libras de pechuga de pavo
- 2 cucharadas de mantequilla sin sal
- 1 cucharada de romero fresco picado
- 1 cucharadita de cebollino fresco picado
- 1 cucharadita de ajo fresco picado
- 1/4 de cucharadita de pimienta negra
- 1/2 cucharadita de sal

Direcciones:

1. Precaliente el horno de la freidora de aire a 350°F.
2. En un bol, mezcle el cebollino, el romero, el ajo, la sal y la pimienta hasta que estén bien combinados. Incorporar la mantequilla y triturar hasta que esté bien mezclada.
3. Frote la pechuga de pavo con la mantequilla a las hierbas y luego añádala a la cesta del horno tostado de la freidora; ase al aire durante 20 minutos.
4. Dar la vuelta a la pechuga de pavo y asarla al aire durante otros 20 minutos.
5. Transfiera el pavo cocido a un papel de aluminio y envuélvalo; déjelo reposar durante al menos 10 minutos y luego córtelo en rodajas. Sirva caliente.

Nutrición: Calorías: 263; Carbohidratos: 0,3 g; Grasas: 10,1 g; Proteínas: 40,2 g.

44. Pollo al horno español

Tiempo de preparación: 10 minutos
Tiempo de cocción: 25 minutos
Porciones: 4
Ingredientes:

- 4 muslos de pollo deshuesados

- 1/2 cebolla, cortada en cuartos
- 1/8 de taza de chorizo
- 1/2 cebolla roja, cortada en cuartos
- 1/2 libra de patatas, cortadas en cuartos
- 4 dientes de ajo
- 1/4 cucharadita de orégano seco
- 4 tomates, cortados en cuartos
- 1/4 de cucharadita de pimentón en polvo
- 1/2 pimiento verde, cortado en juliana
- Sal y pimienta negra

Direcciones:

1. Precaliente la Air Fryer Grill PowerXL seleccionando el modo Pizza/Horneado
2. Ajustar la temperatura a 390°F, ajustar el tiempo a 5 minutos
3. Combine todos los ingredientes.
4. Verter en la bandeja de la freidora de aire
5. Transferencia a la parrilla de la freidora de aire PowerXL
6. Hornear durante 25 minutos
7. Disfrute de

Sugerencias para servir: Servir con arroz y ensalada
Instrucciones y consejos de cocina: sazonar el pollo
Nutrición: Calorías: 290; Grasas: 7g; Carbohidratos: 19g; Proteínas: 12g

45. Pollo frito a la barbacoa

Tiempo de preparación: 10 minutos
Tiempo de cocción: 20 minutos
Porciones: 10

Ingredientes:

- 2 libras de pollo
- 1 cucharadita de humo líquido
- 2 dientes de ajo fresco machacados
- 1/2 taza de vinagre de sidra de manzana
- 1 cucharada de sal Kosher
- 1 cucharada de pimienta negra recién molida
- 2 cucharaditas de ajo en polvo

- 1,5 tazas de salsa barbacoa
- 1/4 de taza de azúcar moreno ligero + más para espolvorear

Direcciones:
1. Combine todos los ingredientes.
2. Añadir la carne y dejarla marinar durante unos minutos
3. Precaliente el PowerXL Air Fryer Grill seleccionando el modo Air fry
4. Ajustar la temperatura a 390°F, ajustar el tiempo a 5 minutos
5. Verter en la bandeja de la freidora de aire
6. Transferencia a la parrilla de la freidora de aire PowerXL
7. Freír al aire libre durante 20 minutos, dar la vuelta a mitad de camino
8. Disfrute de

Sugerencias para servir: Servir con el zumo

Instrucciones y consejos de cocina: dejar marinar durante unos minutos

Nutrición: Calorías: 360; Grasa: 16g; Carbohidratos: 17g; Proteínas: 27g

46. Filetes de siluro a la parrilla

Tiempo de preparación: 10 minutos
Tiempo de cocción: 20 minutos
Porciones: 5

Ingredientes:
- 1 cucharada de perejil
- 5 filetes de siluro
- Pimentón dulce
- 1 cucharada de aceite de oliva
- Pimienta negra
- Sal
- 1 cucharada de zumo de limón

Direcciones:
1. Rocíe los filetes de bagre con aceite, pimienta, sal y pimentón.
2. Colóquelo en la cesta de la Air Fryer PowerXL
3. Coloque la cesta en la posición 6 de la parrilla de la freidora de aire PowerXL.
4. Ponga la PowerXL Air Fryer Grill en Air fryer/Grill a 1450F.
5. Asar durante unos 20 minutos.

6. Servir inmediatamente.

Sugerencias para servir: Servir con zumo de limón

Instrucciones y consejos de cocina: Enjuague bien el filete de bagre

Nutrición: Calorías: 320; Grasas: 10g; Carbohidratos: 0g; Proteínas: 56g

47. Filetes de bacalao a la parrilla con ensalada de uvas e hinojo

Tiempo de preparación: 10 minutos

Tiempo de cocción: 30 minutos

Porciones: 3

Ingredientes:

- 1 cucharada de aceite de oliva
- 1/2 taza de nueces
- 1 bulbo de hinojo en rodajas.
- 3 filetes de bacalao negro
- Pimienta negra y sal
- 1 taza de uvas

Direcciones:

1. Frote el aceite por todos los filetes de pescado.
2. Espolvorear con pimienta y sal.
3. Coloque el pescado en la cesta de la Air Fryer PowerXL
4. Coloque la cesta en la posición 6 de la parrilla de la freidora de aire PowerXL.
5. Ponga la PowerXL Air Fryer Grill en la función Air fryer/Grill a 1450F.
6. Asar durante unos 10 minutos
7. Mezclar las uvas, las nueces, el aceite y el hinojo en otro bol, espolvorear con pimienta y sal.
8. Coloque la mezcla en la cesta de la freidora de aire PowerXL.
9. Ponga la PowerXL Air Fryer Grill en la función de freír al aire.
10. Cocinar durante unos 5 minutos a 400°F.
11. Servir el bacalao con la mezcla de uvas e hinojo.

Sugerencias para servir: Servir con jarabe de arce

Instrucciones y consejos de cocina: Dividir el bacalao al servirlo

Nutrición: Calorías: 154; Grasa: 3g; Carbohidratos: 0g; Proteína: 34g

48. Filetes de pescado con pimentón crujiente

Tiempo de preparación: 5 minutos
Tiempo de cocción: 15 minutos
Porciones: 4
Ingredientes:

- 1/2 taza de pan rallado sazonado
- 1 cucharada de vinagre balsámico
- 1/2 cucharadita de sal sazonada
- 1 cucharadita de pimentón
- 1/2 cucharadita de pimienta negra molida
- 1 cucharadita de semillas de apio
- 2 filetes de pescado, cortados por la mitad
- 1 huevo batido

Direcciones:

1. Preparación de los ingredientes. Vierta el vinagre, la sal, el pan rallado, el pimentón, las semillas de apio y la pimienta negra molida en su procesador de alimentos. Déjelo durante 30 segundos.
2. A continuación, cubra los filetes de pescado con el huevo batido y páselos por la mezcla de pan rallado.
3. Freír al aire. Cocínelo a 350°F durante unos 15 minutos.

Nutrición: Calorías: 185; Grasa: 11g; Proteína: 21g; Azúcar: 0g

49. Atún al limón

Tiempo de preparación: 10 minutos
Tiempo de cocción: 10 minutos
Porciones: 4
Ingredientes:

- 2 latas (6 onzas) de atún natural envasado en agua
- 2 cucharaditas de mostaza de Dijon
- 1/2 taza de pan rallado
- 1 cucharada de zumo de lima fresco
- 2 cucharadas de perejil fresco picado
- 1 huevo
- salsa picante
- 3 cucharadas de aceite de canola

- Sal y pimienta negra recién molida

Direcciones:

1. Preparar los ingredientes. Sacar la mayor parte del líquido de la lata de atún.
2. En un bol, añada el pescado, la mostaza, las migas, el zumo de cítricos, el perejil y la salsa picante y mezcle hasta que estén bien combinados. Añada un poco de aceite de canola si parece demasiado seco. Añade el huevo, la sal y remueve para combinar. Haga las hamburguesas con la mezcla de atún. Refrigere las hamburguesas de atún durante unas 2 horas.
3. Freír con aire. Precaliente el horno de la freidora de aire a 355°F. Cocine durante unos 10-12 minutos.

Nutrición: Calorías: 345; Grasa: 1g; Proteína: 18g; Fibra: 4g

50. Alcachofas balsámicas

Tiempo de preparación: 11 minutos
Tiempo de cocción: 8 minutos
Porciones: 4

Ingredientes:

- 2 cucharaditas de vinagre balsámico
- Pimienta negra y sal
- ¼ de taza de aceite de oliva
- 1 cucharadita de orégano
- 4 alcachofas grandes recortadas
- 2 cucharadas de zumo de limón
- 2 dientes de ajo

Direcciones:

1. Espolvorear las alcachofas con pimienta y sal.
2. Untar las alcachofas con aceite y añadir el zumo de limón.
3. Coloque las alcachofas en la parrilla de la freidora de aire PowerXL.
4. Ajuste el PowerXL Air Fryer Grill en Air fryer/Grill, temporizador a 7 minutos a 360°F.
5. Mezclar el ajo, el zumo de limón, la pimienta, el vinagre y el aceite en un bol.
6. Añadir el orégano y la sal.
7. Mezclar bien.
8. Servir las alcachofas con vinagreta balsámica.

Sugerencias para servir: Servir con chutney de menta
Instrucciones y consejos de cocina: Utilice balsámico fresco
Nutrición: Calorías: 533, Grasa: 29g, Carbohidratos: 68g, Proteína: 19g

51. Alcachofas con queso

Tiempo de preparación: 15 minutos
Tiempo de cocción: 6 minutos
Porciones: 5
Ingredientes:

- 1 cucharadita de cebolla en polvo
- ½ taza de caldo de pollo
- 14 onzas de corazones de alcachofa
- 8 onzas de mozzarella
- ½ taza de mayonesa
- 8 onzas de queso crema
- 10 onzas de espinacas
- 3 dientes de ajo
- 16 onzas de queso parmesano rallado
- ½ taza de crema agria

Direcciones:
1. Mezclar en un bol el queso crema, la cebolla en polvo, el caldo de pollo y las alcachofas.
2. Añade al bol la crema agria, la mayonesa y las espinacas.
3. Transfiera la mezcla a la sartén PowerXL Air Fryer Grill
4. Coloque el PowerXL Air Fryer Grill en la freidora/parrilla.
5. Poner el temporizador a 6 minutos a 350°F.
6. Servir inmediatamente

Sugerencias para servir: Servir con parmesano y mozzarella.
Instrucciones y consejos de cocina: Enjuagar bien los corazones de las alcachofas.
Nutrición: Calorías: 379, Grasa: 19g, Carbohidratos: 36g, Proteína: 15g

52. Ensalada de remolacha con aderezo de perejil

Tiempo de preparación: 15 minutos
Tiempo de cocción: 15 minutos
Porciones: 4
Ingredientes:

- Pimienta negra y sal
- 1 diente de ajo
- 2 cucharadas de vinagre balsámico
- 4 remolachas
- 2 cucharadas de alcaparras
- 1 manojo de perejil picado
- 1 cucharada de aceite de oliva

Direcciones:
1. Coloque las remolachas en la sartén de la Air Fryer PowerXL.
2. Ponga la PowerXL Air Fryer Grill en la función de freír al aire.
3. Ajustar el temporizador y la temperatura a 15 minutos y 360°F.
4. En otro recipiente, mezcle la pimienta, el ajo, las alcaparras, la sal y el aceite de oliva. Mezcle bien
5. Saque las remolachas de la PowerXL Air Fryer Grill y colóquelas en una superficie plana.
6. Pelar y poner en la ensaladera
7. Servir con vinagre.

Sugerencias para servir: Aderezar con la mezcla de perejil.
Instrucciones y consejos de cocina: enjuague las remolachas antes de cocinarlas.
Nutrición: Calorías: 185, Grasa: 16g, Carbohidratos: 11g, Proteína: 8g

53.   Ensalada de queso azul y remolacha

Tiempo de preparación: 15 minutos
Tiempo de cocción: 15 minutos
Porciones: 5
Ingredientes:
- 1 cucharada de aceite de oliva
- Pimienta negra y sal
- 6 remolachas
- ¼ de taza de queso azul

Direcciones:
1. Coloque las remolachas en la sartén de la Air Fryer PowerXL.
2. Ponga la PowerXL Air Fryer Grill en la función de freír al aire.
3. Poner el temporizador en 15 minutos.
4. Cocinar a 350°F
5. Pásalo a un plato.

6. Añade la pimienta, el queso azul, el aceite y la sal.

7. Servir inmediatamente

Sugerencias para servir: Servir con jarabe de arce

Instrucciones y consejos de cocina: Pelar las remolachas y cortarlas en cuartos.

Nutrición: Calorías: 110, Grasa: 11g, Carbohidratos: 4g, Proteína: 5g

54. Costillas y salsa especial

Tiempo de preparación: 10 minutos

Tiempo de cocción: 46 minutos

Porciones: 4

Ingredientes:

- 4 libras de costillas cortas
- 1/2 taza de salsa de soja
- 3 dientes de ajo (prensados)
- 1/2 taza de agua
- 2 cucharadas de aceite de sésamo
- 1/4 de taza de vino de arroz
- 3 rodajas de jengibre
- 1/4 de taza de zumo de pera
- 1 cucharadita de aceite vegetal
- 2 cebollas verdes picadas

Direcciones:

1. Precaliente la freidora de aire a 350°F.
2. Caliente el aceite en una sartén, luego ponga las cebollas verdes, el ajo y el jengibre, revuelva y cocine durante 1 minuto.
3. Añadir la costilla y el resto de ingredientes, transferir a la freidora de aire y cocinar durante 35 minutos.
4. Servir y disfrutar.

Nutrición: Calorías: 321; Grasas: 12g; Carbohidratos: 20g; Proteínas: 14g

55. Hamburguesa de ternera en salsa de champiñones

Tiempo de preparación: 15 minutos

Tiempo de cocción: 22 minutos

Porciones: 6

Ingredientes:

- 2 libras de carne picada
- 3/4 de taza de harina
- 1 cucharada de copos de cebolla
- 1/2 cucharadita de ajo en polvo
- 1/4 de taza de caldo de carne
- 1 cucharada de perejil picado
- 1 cucharada de salsa de soja
- Sal y pimienta al gusto
- 1/2 taza de caldo de carne
- 1/2 cucharadita de salsa de soja
- 2 tazas de champiñones, cortados en rodajas
- 2 cucharadas de mantequilla
- 1 taza de cebolla amarilla picada
- 2 cucharadas de grasa de tocino
- 1/4 de taza de crema agria
- Sal y pimienta negra al gusto

Direcciones:

1. Precaliente la freidora a 350°F.
2. En un tazón, mezcle la carne, la pimienta, la sal, el ajo en polvo, 1 cucharada de salsa de soja, ¼ de taza de caldo de carne, el perejil, las cebollas en escamas y la harina. Revuelva y forme seis hamburguesas. Páselas a la freidora de aire y cocínelas durante 14 minutos.
3. Mientras se cocinan las hamburguesas, calentar la mantequilla en una sartén a fuego medio, añadir el champiñón y cocinar durante 4 minutos removiendo constantemente. Añadir la cebolla y cocinar otros 4 minutos, añadir la salsa de soja, la crema agria y cocinar a fuego lento. Retirar del fuego.
4. Servir las hamburguesas con la salsa de setas.

Nutrición: Calorías: 235; Grasas: 23g; Carbohidratos: 6g; Proteínas: 32g

56. Palomitas de pollo

Tiempo de preparación: 10 minutos
Tiempo de cocción: 10 minutos
Porción: 6

Ingredientes:

- 4 huevos
- 1 1/2 libras de pechugas de pollo, cortadas en trozos pequeños
- 1 cucharadita de pimentón
- 1/2 cucharadita de ajo en polvo
- 1 cucharadita de cebolla en polvo
- 2 1/2 tazas de corteza de cerdo, triturada
- 1/4 de taza de harina de coco
- Pimienta
- Sal

Direcciones:

1. En un tazón pequeño, mezcle la harina de coco, la pimienta y la sal.
2. En otro recipiente, bata los huevos hasta que se combinen.
3. Tome otro bol y mezcle el panko de cerdo, el pimentón, el ajo en polvo y la cebolla en polvo.
4. Poner los trozos de pollo en un bol grande. Espolvorear la mezcla de harina de coco sobre el pollo y mezclar bien.
5. Sumergir los trozos de pollo en la mezcla de huevo y cubrirlos con la mezcla de panko de cerdo y colocarlos en un plato.
6. Rocíe la cesta de la freidora de aire con spray de cocina.
7. Precaliente la freidora de aire a 400 F.
8. Añada la mitad del pollo preparado en la cesta de la freidora de aire y cocine durante 10-12 minutos. Agite la cesta a mitad de camino.
9. Cocinar la mitad restante siguiendo el mismo método.
10. Servir y disfrutar.

Nutrición (cantidad por ración): Calorías 265 Grasas 11 g Carbohidratos 3 g Azúcar 0,5 g Proteínas 35 g Colesterol 195 mg

57. Delicioso Pollo Entero

Tiempo de preparación: 10 minutos
Tiempo de cocción: 50 minutos
Porción: 4
Ingredientes:

- 3 libras de pollo entero, retire los menudillos y seque el pollo con palmaditas
- 1 cucharadita de condimento italiano
- 1/2 cucharadita de ajo en polvo
- 1/2 cucharadita de cebolla en polvo
- 1/4 de cucharadita de pimentón
- 1/4 de cucharadita de pimienta
- 1 1/2 cucharadita de sal

Direcciones:

1. En un bol pequeño, mezcle el condimento italiano, el ajo en polvo, la cebolla en polvo, el pimentón, la pimienta y la sal.
2. Frote la mezcla de especias por dentro y por fuera del pollo.
3. Coloque el pollo con la pechuga hacia abajo en la cesta de la freidora.
4. Asar el pollo durante 30 minutos a 360 F.
5. Dar la vuelta al pollo y asarlo durante 20 minutos más o que la temperatura interna del pollo alcance los 165 F.
6. Servir y disfrutar.

Nutrición (cantidad por ración): Calorías 356 Grasas 25 g Carbohidratos 1 g Azúcar 1 g Proteínas 30 g Colesterol 120 mg

58. Albóndigas fáciles y rápidas

Tiempo de preparación: 10 minutos
Tiempo de cocción: 10 minutos
Porción: 4
Ingredientes:

- 1 libra de pollo molido
- 1 huevo ligeramente batido
- 1/2 taza de queso mozzarella rallado
- 1 1/2 cucharadas de condimento para tacos
- 3 dientes de ajo picados

- 3 cucharadas de perejil fresco picado
- 1 cebolla pequeña, picada
- Pimienta
- Sal

Direcciones:
1. Añada todos los ingredientes en el bol grande y mézclelos hasta que estén bien combinados.
2. Hacer pequeñas bolas con la mezcla y colocarlas en la cesta de la freidora.
3. Cocinar las albóndigas durante 10 minutos a 400 F.
4. Servir y disfrutar.

Nutrición (cantidad por ración): Calorías 253 Grasas 10 g Carbohidratos 2 g Azúcar 0,9 g Proteínas 35 g Colesterol 144 mg

59. Alitas de pollo a la pimienta de limón

Tiempo de preparación: 10 minutos
Tiempo de cocción: 16 minutos
Porción: 4
Ingredientes:
- 1 libra de alitas de pollo
- 1 cucharadita de pimienta de limón
- 1 cucharada de aceite de oliva
- 1 cucharadita de sal

Direcciones:
1. Añade las alas de pollo en el bol grande para mezclar.
2. Añadir el resto de los ingredientes sobre el pollo y mezclar bien para cubrirlo.
3. Coloque las alitas de pollo en la cesta de la freidora.
4. Cocine las alas de pollo durante 8 minutos a 400 F.
5. Gire las alas de pollo hacia otro lado y cocine durante 8 minutos más.
6. Servir y disfrutar.

Nutrición (cantidad por ración): Calorías 247 Grasas 11 g Carbohidratos 0,3 g Azúcar 0 g Proteínas 32 g Colesterol 101 mg

60. Alitas de pollo a la barbacoa

Tiempo de preparación: 10 minutos

Tiempo de cocción: 20 minutos

Sirve: 4

Ingredientes:

- 1 1/2 libras de alitas de pollo
- 2 cucharadas de salsa BBQ sin azúcar
- 1 cucharadita de pimentón
- 1 cucharada de aceite de oliva
- 1 cucharadita de ajo en polvo
- Pimienta
- Sal

Direcciones:

1. En un bol grande, mezcle las alas de pollo con el ajo en polvo, el aceite, el pimentón, la pimienta y la sal.
2. Precaliente la freidora de aire a 360 F.
3. Añada las alitas de pollo en la cesta de la freidora y cocínelas durante 12 minutos.
4. Gire las alas de pollo hacia otro lado y cocine durante 5 minutos más.
5. Saque las alitas de pollo de la freidora de aire y mézclelas con la salsa BBQ.
6. Vuelva a colocar las alas de pollo en la cesta de la freidora y cocínelas durante 2 minutos más.
7. Servir y disfrutar.

Nutrición (cantidad por ración): Calorías 372 Grasas 16,2 g Hidratos de carbono 4,3 g Azúcar 3,7 g Proteínas 49,4 g Colesterol 151 mg

61. Chuletas de cerdo crujientes

Tiempo de preparación: 10 minutos

Tiempo de cocción: 12 minutos

Porción: 6

Ingredientes:

- 1 1/2 lbs de chuletas de cerdo, sin hueso
- 1 cucharadita de pimentón
- 1 cucharadita de condimento criollo
- 1 cucharadita de ajo en polvo
- 1/4 de taza de queso parmesano rallado
- 1/3 de taza de harina de almendra

Direcciones:

1. Precaliente la freidora de aire a 360 F.
2. Añade todos los ingredientes excepto las chuletas de cerdo en una bolsa con cierre.
3. Añada las chuletas de cerdo en la bolsa. Cierre la bolsa y agite bien para cubrir las chuletas de cerdo.
4. Saque las chuletas de cerdo de la bolsa con cierre y colóquelas en la cesta de la freidora.
5. Cocinar las chuletas de cerdo durante 10-12 minutos.
6. Servir y disfrutar.

Nutrición (cantidad por ración): Calorías 230 Grasas 11 g Carbohidratos 2 g Azúcar 0,2 g Proteínas 27 g Colesterol 79 mg

62. Chuletas de cerdo a la parmesana

Tiempo de preparación: 10 minutos
Tiempo de cocción: 15 minutos
Porción: 4

Ingredientes:

- 4 chuletas de cerdo deshuesadas
- 4 cucharadas de queso parmesano rallado
- 1 taza de corteza de cerdo
- 2 huevos ligeramente batidos
- 1/2 cucharadita de chile en polvo
- 1/2 cucharadita de cebolla en polvo
- 1 cucharadita de pimentón
- 1/4 cucharadita de pimienta
- 1/2 cucharadita de sal

Direcciones:

1. Precaliente la freidora de aire a 400 F.
2. Sazone las chuletas de cerdo con pimienta y sal.
3. Añadir la corteza de cerdo en el procesador de alimentos y procesar hasta que se formen migas.
4. Mezcle las migas de corteza de cerdo y los condimentos en un bol grande.
5. Poner el huevo en un bol aparte.
6. Sumerja las chuletas de cerdo en la mezcla de huevo y luego cúbralas con la mezcla de migas de cerdo y colóquelas en la cesta de la freidora.

7. Cocinar las chuletas de cerdo durante 12-15 minutos.

8. Servir y disfrutar.

Nutrición (cantidad por ración): Calorías 329 Grasas 24 g Carbohidratos 1 g Azúcar 0,4 g Proteínas 23 g Colesterol 158 mg

63. Sliders de pastel de carne

Tiempo de preparación: 10 minutos
Tiempo de cocción: 10 minutos
Servir: 8

Ingredientes:

- 1 libra de carne picada
- 1/2 cucharadita de estragón seco
- 1 cucharadita de condimento italiano
- 1 cucharada de salsa Worcestershire
- 1/4 de taza de ketchup
- 1/4 de taza de harina de coco
- 1/2 taza de harina de almendra
- 1 diente de ajo picado
- 1/4 de taza de cebolla picada
- 2 huevos ligeramente batidos
- 1/4 de cucharadita de pimienta
- 1/2 cucharadita de sal marina

Direcciones:

1. Añada todos los ingredientes en el bol de la batidora y mézclelos hasta que estén bien combinados.

2. Hacer hamburguesas iguales con la mezcla y colocarlas en un plato. Colocar en la nevera durante 10 minutos.

3. Rocíe la cesta de la freidora de aire con spray de cocina.

4. Precaliente la freidora de aire a 360 F.

5. Coloque las hamburguesas preparadas en la cesta de la freidora y cocínelas durante 10 minutos.

6. Servir y disfrutar.

Nutrición (cantidad por ración): Calorías 228 Grasas 16 g Carbohidratos 6 g Azúcar 2 g Proteínas 13 g Colesterol 80 mg

64.   Filete rápido y fácil

Tiempo de preparación: 10 minutos
Tiempo de cocción: 7 minutos
Porción: 2
Ingredientes:

- Filetes de 12 onzas
- 1/2 cucharada de cacao en polvo sin azúcar
- 1 cucharada de condimento Montreal para filetes
- 1 cucharadita de humo líquido
- 1 cucharada de salsa de soja
- Pimienta
- Sal

Direcciones:
1. Añada la carne, el humo líquido y la salsa de soja en una bolsa con cierre y agite bien.
2. Sazone el filete con los condimentos y colóquelo en la nevera durante toda la noche.
3. Coloque el filete marinado en la cesta de la freidora de aire y cocine a 375 F durante 5 minutos.
4. Gire el bistec hacia otro lado y cocine durante 2 minutos más.
5. Servir y disfrutar.

Nutrición (cantidad por ración): Calorías 356 Grasas 8,7 g Hidratos de carbono 1,4 g Azúcar 0,2 g Proteínas 62,2 g Colesterol 153 mg

65.   La hamburguesa de queso perfecta

Tiempo de preparación: 5 minutos
Tiempo de cocción: 12 minutos
Porción: 2
Ingredientes:

- 1/2 libra de carne picada
- 1/4 de cucharadita de cebolla en polvo
- 2 rebanadas de queso
- 1/4 de cucharadita de pimienta
- 1/8 cucharadita de sal

Direcciones:

1. En un tazón, mezcle la carne molida, la cebolla en polvo, la pimienta y la sal.
2. Haga dos formas iguales de hamburguesas con la mezcla de carne y colóquelas en la cesta de la freidora.
3. Cocine las hamburguesas a 370 F durante 12 minutos. Gire las hamburguesas a mitad de camino.
4. Una vez que el temporizador de la freidora de aire se apague, coloque las rebanadas de queso encima de cada hamburguesa y cierre la cesta de la freidora de aire durante 1 minuto.
5. Servir y disfrutar.

Nutrición (cantidad por ración): Calorías 325 Grasas 16,4 g Carbohidratos 0,8 g Azúcar 0,3 g Proteínas 41,4 g Colesterol 131 mg

66. Bocados de filete con champiñones

Tiempo de preparación: 10 minutos
Tiempo de cocción: 18 minutos
Porción: 3
Ingredientes:
- 1 libra de filetes, cortados en cubos de 1/2 pulgada
- 1/2 cucharadita de ajo en polvo
- 1 cucharadita de salsa Worcestershire
- 2 cucharadas de mantequilla derretida
- 8 oz de champiñones, en rodajas
- Pimienta
- Sal

Direcciones:
1. Añada todos los ingredientes en el bol grande y mézclelos bien.
2. Rocíe la cesta de la freidora de aire con spray de cocina.
3. Precaliente la freidora de aire a 400 F.
4. Agregue la mezcla de bistecs y champiñones en la cesta de la freidora de aire y cocine a 400 F durante 15-18 minutos. Agite la cesta dos veces.
5. Servir y disfrutar.

Nutrición (cantidad por ración): Calorías 388 Grasas 15,5 g Carbohidratos 3,2 g Azúcar 1,8 g Proteínas 57,1 g Colesterol 156 mg

67. Deliciosos pasteles de cangrejo

Tiempo de preparación: 10 minutos
Tiempo de cocción: 10 minutos
Porción: 4
Ingredientes:

- 8 oz de carne de cangrejo
- 2 cucharadas de mantequilla derretida
- 2 cucharaditas de mostaza de Dijon
- 1 cucharada de mayonesa
- 1 huevo ligeramente batido
- 1/2 cucharadita de condimento de laurel viejo
- 1 cebolla verde, cortada en rodajas
- 2 cucharadas de perejil picado
- 1/4 de taza de harina de almendra
- 1/4 de cucharadita de pimienta
- 1/2 cucharadita de sal

Direcciones:

1. Añadir todos los ingredientes, excepto la mantequilla, en un bol y mezclar hasta que estén bien combinados.
2. Haga cuatro formas iguales de hamburguesas con la mezcla y colóquelas en un plato forrado con pergamino.
3. Poner el plato en la nevera durante 30 minutos.
4. Rocíe la cesta de la freidora de aire con spray de cocina.
5. Unte con mantequilla derretida ambos lados de las hamburguesas de cangrejo.
6. Coloque las hamburguesas de cangrejo en la cesta de la freidora y cocínelas durante 10 minutos a 350 F.
7. Dar la vuelta a las hamburguesas a mitad de camino.
8. Servir y disfrutar.

Nutrición (cantidad por ración): Calorías 136 Grasas 12,6 g Hidratos de carbono 4,1 g Azúcar 0,5 g Proteínas 10,3 g Colesterol 88 mg

68. Patatas de atún

Tiempo de preparación: 10 minutos
Tiempo de cocción: 10 minutos
Porción: 2

Ingredientes:

- 2 latas de atún
- 1/2 zumo de limón
- 1/2 cucharadita de cebolla en polvo
- 1 cucharadita de ajo en polvo
- 1/2 cucharadita de eneldo seco
- 1 1/2 cucharadas de mayonesa
- 1 1/2 cucharadas de harina de almendra
- 1/4 de cucharadita de pimienta
- 1/4 de cucharadita de sal

Direcciones:

1. Precaliente la freidora de aire a 400 F.
2. Añada todos los ingredientes en un bol y mézclelos hasta que estén bien combinados.
3. Rocíe la cesta de la freidora de aire con spray de cocina.
4. Haga cuatro hamburguesas con la mezcla y colóquelas en la cesta de la freidora.
5. Cocine las hamburguesas durante 10 minutos a 400 F. Si quiere hamburguesas más crujientes, cocínelas durante 3 minutos más.
6. Servir y disfrutar.

Nutrición (cantidad por ración): Calorías 414 Grasas 20,6 g Carbohidratos 5,6 g Azúcar 1,3 g Proteínas 48,8 g Colesterol 58 mg

69. Palitos de pescado crujientes

Tiempo de preparación: 10 minutos
Tiempo de cocción: 10 minutos
Porción: 4

Ingredientes:

- 1 libra de pescado blanco, cortado en trozos
- 3/4 de cucharadita de condimento cajún
- 1 1/2 tazas de corteza de cerdo, triturada
- 2 cucharadas de agua
- 2 cucharadas de mostaza de Dijon
- 1/4 de taza de mayonesa
- Pimienta
- Sal

Direcciones:

1. Rocíe la cesta de la freidora de aire con spray de cocina.
2. En un bol pequeño, bata la mayonesa, el agua y la mostaza.
3. En un recipiente poco profundo, mezcle la corteza de cerdo, la pimienta, el condimento cajún y la sal.
4. Sumerja los trozos de pescado en la mezcla de mayonesa y cúbralos con la mezcla de corteza de cerdo y colóquelos en la cesta de la freidora.
5. Cocine a 400 F durante 5 minutos. Gire los palitos de pescado hacia otro lado y cocine durante 5 minutos más.
6. Servir y disfrutar.

Nutrición (cantidad por ración): Calorías 397 Grasas 36,4 g Hidratos de carbono 4 g Azúcar 1 g Proteínas 14,7 g Colesterol 4 mg

70. <u>Sabrosas gambas a la parmesana</u>

Tiempo de preparación: 10 minutos
Tiempo de cocción: 10 minutos
Porción: 6
Ingredientes:
- 2 libras de gambas cocidas, peladas y desvenadas
- 2 cucharadas de aceite de oliva
- 1/2 cucharadita de cebolla en polvo
- 1 cucharadita de albahaca
- 1/2 cucharadita de orégano
- 2/3 de taza de queso parmesano rallado
- 3 dientes de ajo picados
- 1/4 de cucharadita de pimienta

Direcciones:
1. En un bol grande, mezcle el ajo, el aceite, la cebolla en polvo, el orégano, la pimienta y el queso.
2. Añade las gambas en un bol y remueve hasta que estén bien cubiertas.
3. Rocíe la cesta de la freidora de aire con spray de cocina.
4. Añada las gambas en la cesta de la freidora y cocínelas a 350 F durante 8-10 minutos.
5. Servir y disfrutar.

Nutrición (cantidad por ración): Calorías 233 Grasas 7,9 g Hidratos de carbono 3,2 g Azúcar 0,1 g Proteínas 35,6 g Colesterol 32 mg

71. Salmón sencillo para freír al aire libre

Tiempo de preparación: 5 minutos
Tiempo de cocción: 10 minutos
Porción: 2

Ingredientes:

- 2 filetes de salmón sin piel y sin espinas
- 1 cucharadita de aceite de oliva
- Pimienta
- Sal

Direcciones:

1. Cubrir los filetes de salmón con aceite de oliva y sazonar con pimienta y sal.
2. Coloque los filetes de salmón en la cesta de la freidora de aire y cocine a 360 F durante 8-10 minutos.
3. Servir y disfrutar.

Nutrición (cantidad por ración): Calorías 256 Grasas 13,3 g Carbohidratos 0 g Azúcar 0 g Proteínas 34,5 g Colesterol 78 mg

72. Delicioso pescado blanco

Tiempo de preparación: 10 minutos
Tiempo de cocción: 10 minutos
Porción: 2

Ingredientes:

- 12 oz de filetes de pescado blanco
- 1/2 cucharadita de cebolla en polvo
- 1/2 cucharadita de condimento de pimienta de limón
- 1/2 cucharadita de ajo en polvo
- 1 cucharada de aceite de oliva
- Pimienta
- Sal

Direcciones:

1. Rocíe la cesta de la freidora de aire con spray de cocina.
2. Precaliente la freidora de aire a 360 F.
3. Cubra los filetes de pescado con aceite de oliva y sazone con cebolla en polvo, condimento de pimienta de limón, ajo en polvo, pimienta y sal.

4. Coloque los filetes de pescado en la cesta de la freidora de aire y cocínelos durante 10-12 minutos.

5. Servir y disfrutar.

Nutrición (cantidad por ración): Calorías 358 Grasas 19,8 g Hidratos de carbono 1,3 g Azúcar 0,4 g Proteínas 41,9 g Colesterol 131 mg

73.   Encurtidos crujientes

Tiempo de preparación: 10 minutos
Tiempo de cocción: 6 minutos
Porción: 4
Ingredientes:

- 16 pepinillos de eneldo, cortados en rodajas
- 1 huevo ligeramente batido
- 1/2 taza de harina de almendra
- 3 cucharadas de queso parmesano rallado
- 1/2 taza de corteza de cerdo, triturada

Direcciones:

1. Tome tres tazones. Mezcla las cortezas de cerdo y el queso en el primer bol.
2. En un segundo bol, añadir el huevo.
3. En el último bol, añadir la harina de almendras.
4. Pasar cada rodaja de pepinillo por harina de almendra, luego por huevo y finalmente por la mezcla de cerdo y queso.
5. Rocíe la cesta de la freidora de aire con spray de cocina.
6. Coloque los pepinillos recubiertos en la cesta de la freidora.
7. Cocine los pepinillos durante 6 minutos a 370 F.
8. Servir y disfrutar.

Nutrición (cantidad por ración): Calorías 245 Grasas 17 g Carbohidratos 4 g Azúcar 2 g Proteínas 17 g Colesterol 41 mg

74.   Brócoli asiático

Tiempo de preparación: 10 minutos
Tiempo de cocción: 20 minutos
Porción: 4
Ingredientes:

- 1 libra de brócoli, cortado en ramilletes

- 1 cucharadita de vinagre de arroz
- 2 cucharaditas de sriracha
- 2 cucharadas de salsa de soja
- 1 cucharada de ajo picado
- 5 gotas de stevia líquida
- 1 1/2 cucharadas de aceite de sésamo
- Sal

Direcciones:

1. En un bol, mezcle el brócoli, el ajo, el aceite y la sal.
2. Coloque el brócoli en la cesta de la freidora de aire y cocínelo durante 15-20 minutos a 400 F.
3. Mientras tanto, en un recipiente apto para microondas, mezcle la salsa de soja, el vinagre, la stevia líquida y la sriracha y caliéntelo en el microondas durante 10 segundos.
4. Ponga el brócoli en un bol y mézclelo bien con la mezcla de soja para cubrirlo.
5. Servir y disfrutar.

Nutrición (cantidad por ración): Calorías 94 Grasas 5,5 g Carbohidratos 9,3 g Azúcar 2,1 g Proteínas 3,8 g Colesterol 0 mg

75. Coles de Bruselas asadas

Tiempo de preparación: 10 minutos
Tiempo de cocción: 8 minutos
Porción: 4

Ingredientes:

- 1 libra de coles de Bruselas, limpias y recortadas
- 1 cucharadita de ajo en polvo
- 1 cucharadita de perejil seco
- 2 cucharaditas de aceite de oliva
- 1/2 cucharadita de tomillo seco
- 1/4 de cucharadita de sal

Direcciones:

1. Añade todos los ingredientes en el bol grande y mézclalos bien.
2. Vierta la mezcla de coles de Bruselas en la cesta de la freidora.
3. Cocine las coles de Bruselas a 390 F durante 8 minutos.
4. Servir y disfrutar.

Nutrición (cantidad por ración): Calorías 72 Grasas 2,7 g Carbohidratos 10,9 g Azúcar 2,6 g Proteínas 4 g Colesterol 0 mg

76. Crema rápida de espinacas

Tiempo de preparación: 10 minutos
Tiempo de cocción: 15 minutos
Porción: 2
Ingredientes:

- 10 oz de espinacas congeladas, descongeladas
- 1/4 de taza de queso parmesano rallado
- 1/2 cucharadita de nuez moscada molida
- 1 cucharadita de pimienta
- 4 onzas de queso crema, cortado en cubos
- 2 cucharaditas de ajo picado
- 1 cebolla pequeña picada
- 1 cucharadita de sal

Direcciones:
1. Rocíe un molde de 6 pulgadas con aceite en aerosol y déjelo a un lado.
2. En un bol, mezcle las espinacas, el queso crema, el ajo, la cebolla, la nuez moscada, la pimienta y la sal.
3. Vierta la mezcla de espinacas en el molde preparado.
4. Coloque el plato en la cesta de la freidora de aire y fríalo a 350 F durante 10 minutos.
5. Abra la cesta de la freidora y espolvoree el queso parmesano sobre la mezcla de espinacas y fríalo a 400 F durante 5 minutos más.
6. Servir y disfrutar.

Nutrición (cantidad por ración): Calorías 265 Grasas 21,4 g Carbohidratos 11,9 g Azúcar 2,4 g Proteínas 10,2 g Colesterol 65 mg

77. Tofu crujiente perfecto

Tiempo de preparación: 10 minutos
Tiempo de cocción: 20 minutos
Porción: 4
Ingredientes:

- 1 bloque de tofu firme, prensado y cortado en cubos de 1 pulgada
- 1 cucharada de harina de arrurruz
- 2 cucharaditas de aceite de sésamo
- 1 cucharadita de vinagre
- 2 cucharadas de salsa de soja

Direcciones:

1. En un cuenco, mezcle el tofu con el aceite, el vinagre y la salsa de soja y déjelo reposar durante 15 minutos.
2. Mezclar el tofu marinado con la harina de arrurruz.
3. Rocíe la cesta de la freidora de aire con spray de cocina.
4. Añada el tofu en la cesta de la freidora de aire y cocínelo durante 20 minutos a 370 F. Agite la cesta a mitad de camino.
5. Servir y disfrutar.

Nutrición (cantidad por ración): Calorías 42 Grasas 0,5 g Carbohidratos 1,3 g Azúcar 0,3 g Proteínas 12,4 g Colesterol 0 mg

78. Cazuela de judías con setas

Tiempo de preparación: 10 minutos
Tiempo de cocción: 12 minutos
Porción: 6
Ingredientes:

- 2 tazas de champiñones, cortados en rodajas
- 1 cucharadita de cebolla en polvo
- 1/2 cucharadita de salvia molida
- 1/2 cucharada de ajo en polvo
- 1 zumo de limón fresco
- 1 1/2 libras de judías verdes, recortadas
- 1/4 de cucharadita de pimienta
- 1/2 cucharadita de sal

Direcciones:

1. En un bol grande, mezcle las judías verdes, la cebolla en polvo, la salvia, el ajo en polvo, el zumo de limón, los champiñones, la pimienta y la sal.
2. Rocíe la cesta de la freidora de aire con spray de cocina.
3. Transfiera la mezcla de judías verdes a la cesta de la freidora.
4. Cocinar de 10 a 12 minutos a 400 F. Agitar cada 3 minutos.

5. Servir y disfrutar.

Nutrición (cantidad por ración): Calorías 45 Grasas 0,2 g Carbohidratos 9,8 g Azúcar 2,3 g Proteínas 3 g Colesterol 0 mg

79. Sabroso pollo frito

Tiempo de preparación: 10 minutos
Tiempo de cocción: 40 minutos
Servir: 10

Ingredientes:

- 5 libras de pollo, unas 10 piezas
- 1 cucharada de aceite de coco
- 2 1/2 cucharaditas de pimienta blanca
- 1 cucharadita de jengibre molido
- 1 1/2 cucharadita de sal de ajo
- 1 cucharada de pimentón
- 1 cucharadita de mostaza seca
- 1 cucharadita de pimienta
- 1 cucharadita de sal de apio
- 1/3 de cucharadita de orégano
- 1/2 cucharadita de albahaca
- 1/2 cucharadita de tomillo
- 2 tazas de cortezas de cerdo, trituradas
- 1 cucharada de vinagre
- 1 taza de leche de almendras sin azúcar
- 1/2 cucharadita de sal

Direcciones:

1. Añade el pollo en un bol grande para mezclar.
2. Añade la leche y el vinagre sobre el pollo y mét0elo en la nevera durante 2 horas.
3. En un plato llano, mezcle la corteza de cerdo, la pimienta blanca, el jengibre, la sal de ajo, el pimentón, la mostaza, la pimienta, la sal de apio, el orégano, la albahaca, el tomillo y la sal.
4. Cubra la cesta de la freidora de aire con aceite de coco.
5. Rebozar cada pieza de pollo con la mezcla de corteza de cerdo y colocarla en un plato.
6. Coloque el pollo medio recubierto en la cesta de la freidora.

7. Cocine el pollo a 360 F durante 10 minutos y luego gire el pollo hacia otro lado y cocine durante 10 minutos más o hasta que la temperatura interna alcance los 165 F.
8. Cocine el resto del pollo con el mismo método.
9. Servir y disfrutar.

Nutrición (cantidad por ración): Calorías 539 Grasas 37 g Carbohidratos 1 g Azúcar 0 g Proteínas 45 g Colesterol 175 mg

80. Ricos Nuggets de Pollo

Tiempo de preparación: 10 minutos
Tiempo de cocción: 12 minutos
Porción: 4

Ingredientes:
- 1 libra de pechuga de pollo, sin piel, sin hueso y cortada en trozos
- 6 cucharadas de semillas de sésamo tostadas
- 4 claras de huevo
- 1/2 cucharadita de jengibre molido
- 1/4 de taza de harina de coco
- 1 cucharadita de aceite de sésamo
- Una pizca de sal

Direcciones:
1. Precaliente la freidora de aire a 400 F.
2. Mezcle el pollo con el aceite y la sal en un bol hasta que esté bien cubierto.
3. Añadir la harina de coco y el jengibre en una bolsa con cierre y agitar para mezclar. Añade el pollo a la bolsa y agítalo bien para cubrirlo.
4. En un bol grande, añadir las claras de huevo. Añadir el pollo en las claras de huevo y mezclar hasta que esté bien cubierto.
5. Añade las semillas de sésamo en una bolsa grande con cierre.
6. Sacuda el exceso de huevo del pollo y añada el pollo en la bolsa de semillas de sésamo. Agitar la bolsa hasta que el pollo esté bien cubierto de semillas de sésamo.
7. Rocíe la cesta de la freidora de aire con spray de cocina.
8. Coloque el pollo en la cesta de la freidora y cocínelo durante 6 minutos.

9. Gire el pollo hacia otro lado y cocine durante 6 minutos más.
10. Servir y disfrutar.

Nutrición (cantidad por ración): Calorías 265 Grasas 11,5 g Carbohidratos 8,6 g Azúcar 0,3 g Proteínas 31,1 g Colesterol 73 mg

81. Canela Raíces de apio

Tiempo de preparación: 10 minutos
Tiempo de cocción: 21 minutos
Porciones: 4
Ingredientes:

- 2 raíces de apio, peladas y cortadas en dados
- 1 cucharadita de aceite de oliva virgen extra
- 1 cucharadita de mantequilla derretida
- ½ cucharadita de canela molida
- Sal marina y pimienta negra recién molida al gusto

Direcciones:
1. Forrar una bandeja de horno con papel de aluminio.
2. Mezcle las raíces de apio con el aceite de oliva en un bol grande hasta que estén bien cubiertas. Páselas a la bandeja de horno preparada.
3. Selecciona Asar, ajusta la temperatura a 350°F (180°C) y ajusta el tiempo a 20 minutos. Seleccione Inicio para comenzar el precalentamiento.
4. Una vez precalentada, introduzca la bandeja en el horno.
5. Cuando estén hechas, las raíces de apio deben estar muy tiernas. Retirar del horno y ponerlo en una fuente de servir. Incorporar la mantequilla y la canela y triturarlas con un pasapurés hasta que queden esponjosas.
6. Sazonar con sal y pimienta al gusto. Servir inmediatamente.

Nutrición: Calorías: 134 Grasas: 3 g Proteínas: 9 g

82. Berenjena a la miel con salsa de yogur

Tiempo de preparación: 5 minutos
Tiempo de cocción: 15 minutos
Porciones: 2
Ingredientes:

- 1 berenjena mediana, cortada en cuartos y en rodajas de ½ pulgada de grosor

- 2 cucharadas de aceite vegetal
- Sal Kosher y pimienta negra recién molida, al gusto
- ½ taza de yogur natural (no griego)
- 2 cucharadas de pasta de harissa
- 1 diente de ajo rallado
- 2 cucharaditas de miel

Direcciones:

1. Mezcle las rodajas de berenjena con el aceite vegetal, la sal y la pimienta en un bol grande hasta que estén bien cubiertas.
2. Coloque las rodajas de berenjena en la bandeja perforada.
3. Seleccione Air Fry. Ajuste la temperatura a 400°F (205°C) y el tiempo a 15 minutos. Pulsa Start para comenzar el precalentamiento.
4. Una vez precalentado, introduzca la bandeja en el horno. Remover las rebanadas dos o tres veces durante la cocción.
5. Mientras tanto, prepare la salsa de yogur batiendo el yogur, la pasta de harissa y el ajo en un bol pequeño.
6. Una vez terminada la cocción, las rodajas de berenjena deben estar doradas. Untar la salsa de yogur en una fuente y apilar las rodajas de berenjena por encima. Servir rociadas con la miel.

Nutrición: Calorías: 107 Grasas: 8 g Proteínas: 4 g

83. Patatas fritas picantes de boniato

Tiempo de preparación: 15 minutos
Tiempo de cocción: 25-30 minutos
Porciones: 4

Ingredientes:

- 2 cucharadas de mezcla de condimentos para patatas fritas
- 2 cucharadas de aceite de oliva
- 2 batatas

Mezcla de condimentos:

- 2 cucharadas de sal
- 1 cucharada de pimienta de cayena
- 1 cucharada de orégano seco
- 1 cucharada de hinojo
- 2 cucharadas de cilantro

Direcciones:

1. Preparar los ingredientes. Cortar los dos extremos de los boniatos y pelarlos. Cortar a lo largo por la mitad y de nuevo en sentido transversal para hacer cuatro trozos de cada batata.
2. Cortar cada trozo de patata en 2 ó 3 rodajas, y luego cortarlas en forma de patatas fritas.
3. Muela todos los ingredientes de la mezcla de condimentos y añada la sal.
4. Asegúrese de que el horno de la freidora está precalentado a 350 grados.
5. Mezcle los trozos de patata en el aceite de oliva, rociando con la mezcla de condimentos y removiendo bien para cubrirlos por completo.
6. Freír al aire. Añada las patatas fritas a la rejilla/cesta de la freidora de aire. Ajuste la temperatura a 350°F y el tiempo a 27 minutos. Seleccione START/STOP para comenzar.
7. Saque la cesta y dé la vuelta a las patatas fritas. Apague el horno de la freidora de aire y deje que se cocinen de 10 a 12 minutos hasta que las papas fritas estén doradas.

Nutrición: Calorías: 89 Grasas: 14 g Proteínas: 8 g

84. Increíble delicia de macadamia

Tiempo de preparación: 15 minutos
Tiempo de cocción: 12 minutos
Porciones: 6
Ingredientes:
- 3 tazas de nueces de macadamia
- 3 cucharadas de humo líquido
- Sal al gusto
- 2 cucharadas de melaza

Direcciones:
1. Precaliente el horno en la función Hornear a 360 F. En un bol, añada la sal, el líquido, la melaza y los anacardos y mézclelos para cubrirlos. Coloque los anacardos en una bandeja de horno y pulse Inicio. Cocine durante 10 minutos, agitando la cesta cada 5 minutos. Servir.

Nutrición: Calorías: 126 Grasas: 13 g Proteínas: 5 g

85. Pastelitos de patata

Tiempo de preparación: 15 minutos
Tiempo de cocción: 30 minutos
Porciones: 3
Ingredientes:

- 2 ó 3 chiles verdes picados finamente
- 1 ½ cucharadas de zumo de limón
- Sal y pimienta al gusto
- 2 cucharadas de garam masala
- 2 tazas de patatas en rodajas
- 3 cucharaditas de jengibre finamente picado
- 1-2 cucharadas de hojas frescas de cilantro

Direcciones:

1. Mezcle los ingredientes en un bol limpio y añada agua. Asegúrese de que la pasta no sea demasiado acuosa, pero que sea suficiente para aplicarla sobre las rodajas de patata.
2. Precaliente el horno a 160 grados Fahrenheit durante 5 minutos. Coloque las French Cuisine Galettes en la cesta de freír y déjelas cocer otros 25 minutos a la misma temperatura. Siga dándoles la vuelta para conseguir una cocción uniforme. Servir con salsa de menta o ketchup.

Nutrición: Calorías 91 Grasas: 6 g Proteínas: 2,3 g

86. "Pop-Tarts" de fresa

Tiempo de preparación: 20 minutos
Tiempo de cocción: 1 hora 55 minutos
Porciones: 6
Ingredientes:

- 8 oz. de fresas cortadas en cuartos (aproximadamente 1 ¾ tazas)
- ¼ de taza de azúcar granulado
- ½ paquete (14 onzas) de masa para tartas refrigerada
- Spray de cocina
- 1 ½ cucharadita de zumo de limón fresco (de 1 limón)
- ½ taza (aproximadamente 2 onzas) de azúcar en polvo

- ½ onza de caramelos de arco iris (aproximadamente 1 cucharada)

Direcciones:

1. Combine las fresas y el azúcar granulado en un plato mediano apto para microondas. Remueva hasta que esté uniforme y déjelo durante 15 minutos mientras remueve de vez en cuando. A continuación, una vez reducido y brillante, ponga la mezcla en el microondas a temperatura alta, lo que tardará unos 10 minutos. Remueva a mitad de camino, es decir, después de 5 minutos, durante la fritura. Se tarda unos 30 minutos en dejar enfriar completamente la mezcla en el microondas.

2. Enrolle la masa de la tarta en un disco de 12 pulgadas sobre una superficie ligeramente enharinada. Divida la masa en 12 partes rectangulares de 2,5 x 3 pulgadas y vuelva a enrollar los restos (si los hay). Aplique unas dos cucharaditas de la mezcla de fresas en el centro de los seis rectángulos de la masa con una cuchara, dejando un borde de unos 0,5 pulgadas. Unte con agua los lados de los rectángulos de masa rellenos y cubra con los rectángulos de masa restantes. Sellar pinchando con el tenedor en las esquinas. Para cubrir generosamente las tartas, utilice aceite de cocina.

3. Transfiera tres tartas a la cesta de la freidora de aire, conservando una sola capa. Deje que se cocinen durante 10 minutos a 350 grados F o hasta que se doren. Haga lo mismo con las tartas restantes. En una rejilla de alambre, saque las tartas cocidas y déjelas cocer bien durante unos 30 minutos.

4. Combinar el zumo de limón y el azúcar en polvo en un bol pequeño y batir hasta que quede suave. Con una cuchara, rocíe la mezcla con varias gotas de caramelo sobre la tarta enfriada.

Nutrición: Calorías: 157 Proteínas: 0,96 g Grasas: 5,61 g Carbohidratos: 26.52 g

87. Papas fritas con piña glaseada con miel

Tiempo de preparación: 20 minutos
Tiempo de cocción: 15 minutos
Raciones: 2

Ingredientes:

- 4 oz. de piña fresca

- 2 cucharaditas de canela
- 2 cucharadas de miel

Direcciones:

1. Cortar la piña pelada en trozos.
2. Disponga las patatas fritas en la bandeja de la parrilla colocada en su freidora de aire. Mantenga una fila larga y ordenada sin huecos.
3. Deje que se cocine en la freidora de aire a 390 grados F durante 3 minutos.
4. Déle la vuelta a las patatas fritas con unas pinzas y deje que se cocinen otros 3 minutos a 390 grados.
5. Retire la sartén de la parrilla y espolvoree las patatas fritas de piña con canela antes de glasearlas con miel utilizando una brocha de pastelería.
6. Servir inmediatamente en caliente.

Nutrición: Calorías: 104 Proteínas: 0,4 g Grasas: 0,08 g Carbohidratos: 28.3g

88. Manzana asada

Tiempo de preparación: 20 minutos
Tiempo de cocción: 40 minutos
Raciones: 2

Ingredientes:

- 1 manzana o pera mediana
- ¼ cucharadita de canela
- 2 cucharadas de pasas
- 2 cucharadas de nueces picadas
- ¼ cucharadita de nuez moscada
- 1½ cucharadita de margarina ligera, derretida
- ¼ de taza de agua

Direcciones:

1. Asegúrese de que su freidora de aire esté precalentada a 350 grados F.
2. Cortar la pera o la manzana por la mitad, alrededor del centro, para tener acceso a raspar parte de la pulpa.
3. Coloque la pera o la manzana en la base de la freidora de aire o en la sartén de la freidora de aire (si la tiene).

4. Coge un bol pequeño y limpio, y en él combina la canela, las pasas, las nueces, la nuez moscada y la margarina.
5. Añadir la mezcla al centro de las mitades de pera o manzana.
6. Añade un poco de agua en la sartén y hornea las mitades durante 20 minutos.

Nutrición: Calorías: 65 Proteínas: 1,92 g Grasas: 6,1 g Carbohidratos: 1.77 g

89. Tarta de manzana

Tiempo de preparación: 20 minutos
Tiempo de cocción: 55 minutos
Porciones: 8
Ingredientes:
Para la masa:

- ½ limón
- 4 oz. de azúcar superfino
- 4 oz. de mantequilla o margarina
- Sal al gusto
- 9 oz. de harina de trigo

Para el relleno:

- 3 libras de manzanas ácidas
- ½ oz. de grosellas
- 5 cucharadas de mermelada de albaricoque
- 2 cucharadas de crema de vainilla
- Una pizca de canela
- 2 oz. de pasas doradas
- 8 oz. de azúcar

Para la decoración:

- Azúcar en polvo

Direcciones:
1. Rallar y pelar el limón limpio, y exprimir la fruta.
2. Mezclar el azúcar, la mantequilla, el zumo de limón, la piel de limón y una pizca de sal. Por último, frote la harina autococinada con la mezcla de mantequilla.
3. Corta las manzanas peladas y combínalas con las grosellas, la mermelada de albaricoque, la crema pastelera, la canela, las pasas y el azúcar.

4. Extienda la masa a 10 pulgadas o divídala en tres y extiéndala a 8 pulgadas cada una, dependiendo del tamaño de su molde para freidora. En ambos casos, engrase el molde con mantequilla derretida y coloque una hoja de papel pergamino sobre él.

5. Poner la masa en el molde y presionar hasta que esté nivelada. Haz agujeros en la base del molde con un tenedor para evitar que se formen burbujas de aire. Ahora extiende el relleno por encima y hornea el pastel. Si utiliza un Advance XL, hornee durante 50 minutos a 320 grados F, y durante 30 minutos a 320 grados F para Viva.

6. Una vez horneado, dejar el pastel en el molde hasta que se enfríe, y luego espolvorear con azúcar en polvo.

Nutrición: Calorías: 531 Proteínas: 4,09 g Grasas: 12,11 g Carbohidratos: 104.23 g

90. <u>Mini tarta de manzana</u>

Tiempo de preparación: 20 minutos
Tiempo de cocción: 30 minutos
Porciones: 8
Ingredientes:

- 1 oz. de mantequilla
- 3 oz. de harina común
- ½ oz. de azúcar en polvo
- Agua
- 2 manzanas rojas medianas
- Una pizca de canela
- Una pizca de azúcar en polvo

Direcciones:

1. El primer paso es crear la masa. Para ello, añada la mantequilla y la harina común en un bol y presione la grasa contra la harina. Añadir el azúcar y remover bien. Para humedecer los ingredientes, añada agua para que se forme una masa agradable.

2. Amasar bien hasta que se forme la masa hasta que tenga una buena textura suave.

3. Para evitar que se pegue, untar los moldes con mantequilla.

4. Extienda la masa y rellene los moldes con ella.

5. Coloque también las manzanas peladas y cortadas en rodajas en las latas.

6. Añadir la canela y el azúcar espolvoreado.

7. Al final, añada una placa de pastelería adicional. Tenga unas marcas de tenedor para dejar esos huecos para respirar.

8. Deje que la freidora se cocine durante 18 minutos.

Nutrición: Calorías: 102 Proteínas: 1,27 g Grasas: 3,09 g Carbohidratos: 17.34 g

91. Crumble de albaricoques y moras

Tiempo de preparación: 20 minutos
Tiempo de cocción: 35 minutos
Porciones: 4

Ingredientes:
- 8 oz. de albaricoques frescos
- 1 cucharada de zumo de limón
- 4 oz. de moras frescas
- 3 oz. de azúcar
- 4 oz. de harina
- 2 oz. de mantequilla fría, en cubos
- 1 cucharada de agua fría
- Una pizca de sal
- Molde redondo y poco profundo, de 15 cm de diámetro

Direcciones:
1. Asegúrese de que su freidora de aire esté precalentada a 390 grados F.

2. Corta los albaricoques en dos y deshazte de los huesos. Ahora corta las mitades en cubos.

3. Pasar los cubos y las moras a un bol con el zumo de limón y 1 onza de azúcar. Mezcle bien.

4. Repartir la mezcla de frutas sobre el molde ya engrasado.

5. Coge otro bol y, en él, combina la harina con el resto del azúcar, la mantequilla, una cucharada de agua fría y una pizca de sal. Mezcle hasta obtener una consistencia razonable. Ahora usa las yemas de los dedos para formar una mezcla desmenuzable.

6. Distribuya la mezcla desmenuzada sobre la fruta de forma equitativa y presione ligeramente la capa superior.

7. Ponga el bol en la cesta de la freidora de aire y deje que se hornee durante 20 minutos o hasta que tenga un color dorado.

8. Sírvelo caliente, frío o templado, acompañado de helado, salsa de vainilla o nata montada.

9. Puede sustituir los albaricoques por mangos, peras y manzanas; obtendrá los mismos resultados sorprendentes. Del mismo modo, puede combinar frambuesas, arándanos frescos o arándanos.

Nutrición: Calorías: 602 Proteínas: 8,32 g Grasas: 12,89 g Carbohidratos: 113.7 g

92. Crumble de frambuesa

Tiempo de preparación: 20 minutos
Tiempo de cocción: 40 minutos
Raciones: 2-3
Ingredientes:

- 1 (6 oz.) tazón de frambuesas frescas
- 1 cucharadita de maicena
- 1 cucharada de azúcar blanco granulado
- 4 cucharadas (½ barrita) de mantequilla fría, cortada en dados pequeños
- ¼ de taza de azúcar moreno claro
- 1/3 de taza de avena antigua
- ¼ de taza de harina común
- Nata o helado para servir

Direcciones:
1. Antes de pasarlas al cuenco que contiene la maicena y el azúcar blanco, secar las frambuesas lavadas a golpecitos. Déjelas durante otros 10 minutos para que maceren la mezcla.
2. Mientras tanto, ponga en el procesador de alimentos los cubos de mantequilla fría, el azúcar moreno, la avena y la harina multiuso y pulse hasta que la mezcla parezca migajas.
3. Prepare 2 mini moldes para tartas con frambuesas maceradas y los jugos liberados (de 4 pulgadas cada uno).
4. Coloque el crumble de mantequilla de avena en cada pastel y páselo a la cesta de la freidora.
5. Deje que el aire se fría durante 15 minutos a 350 grados F.
6. Además, con helado o nata montada y algunas bayas más, servir en caliente.

Nutrición: Calorías: 215 Proteínas: 3,29 g Grasas: 16,81 g Hidratos de carbono: 17.05 g

93. Chips de manzana con canela y salsa de yogur de almendras

Tiempo de preparación: 20 minutos
Tiempo de cocción: 30 minutos
Porciones: 4

Ingredientes:

- 1 manzana (8 onzas) (como Fuji o Honeycrisp)
- 2 cucharaditas de aceite de canola
- 1 cucharadita de canela molida
- Spray de cocina
- ¼ de taza de yogur griego natural 1% bajo en grasa
- 1 cucharadita de miel
- 1 cucharada de mantequilla de almendras

Direcciones:

1. En una mandolina, cortar la manzana en rodajas pequeñas.
2. Para asegurar un recubrimiento uniforme, páselas a un bol con el aceite y la canela en polvo.
3. Coloque 7-8 rebanadas en una sola capa dentro de la cesta de la freidora de aire rociada. Deje que se cocinen a 375 grados F durante 12 minutos. Asegúrese de que, al reorganizar las rebanadas para aplanarlas, las gira en intervalos de 4 minutos. Esto es necesario porque, durante la cocción, las rebanadas pueden cambiar. Sólo después de enfriar las rebanadas se verán completamente crujientes, no después de sacarlas de la freidora de aire.
4. Para las otras rodajas de manzana, haz lo mismo.
5. Mientras tanto, coge un bol pequeño y, una vez que tengas una mezcla suave, combina en él la nata, la miel y la mantequilla de almendras.
6. Servir colocando en cada plato 6-8 rodajas de manzana junto a una pequeña porción de salsa para mojar.

Nutrición: Calorías: 61 Proteínas: 1,67 g Grasas: 4,72 g Carbohidratos: 3.82 g

94.   Piña con miel

Tiempo de preparación: 20 minutos
Tiempo de cocción: 25 minutos
Porciones: 4
Ingredientes:

- ½ piña fresca pequeña
- ½ cucharada de zumo de lima
- 1 cucharada de miel
- ¼ litro de helado o sorbete de mango
- Papel de pergamino

Direcciones:

1. Asegúrese de que su freidora de aire esté precalentada a 390 grados F.
2. Dejando ½ pulgada del borde sin forrar, forre la base de la cesta con papel de hornear.
3. Cortar la piña en ocho secciones haciendo un corte longitudinal. Retire la piel, junto a las coronas profundas, así como el núcleo duro.
4. Combine, en un bol, el zumo de lima y la miel. Unte las secciones de piña con la mezcla antes de transferirlas a la cesta de la freidora. Añada el coco espolvoreado por encima.
5. Con la cesta en la freidora de aire, programe el tiempo de cocción a 12 minutos o hasta que la piña y el coco estén dorados.
6. Colocar las secciones de piña en los platos, junto a una cantidad suficiente de helado.

Nutrición: Calorías: 28 kcal Proteínas: 0,2 g Grasas: 0,04 g Carbohidratos: 7.06 g

95.   Melocotones caramelizados

Tiempo de preparación: 20 minutos
Tiempo de cocción: 25 minutos
Raciones: 2
Ingredientes:

- 1 libra de melocotones, cortados por la mitad
- 1 cucharada de jarabe de arce
- ½ cucharada de azúcar de coco

- ¼ de cucharadita de canela en polvo

Direcciones:
1. Untar los melocotones con jarabe de arce.
2. Usando azúcar de coco y canela para espolvorear.
3. Cocinar en una freidora de aire durante 15 minutos a 350 grados F.

Nutrición: Calorías: 202 kcal Proteínas: 1,04 g Grasas: 0,24 g Hidratos de carbono: 54.21 g

96. Crumble de arándanos

Tiempo de preparación: 20 minutos
Tiempo de cocción: 30 minutos
Porciones: 4

Ingredientes:
- ½ taza de arándanos, en rodajas
- 1 manzana, cortada en dados
- 2 cucharadas de mantequilla
- 2 cucharadas de azúcar
- ¼ de taza de harina de arroz
- ½ cucharadita de canela en polvo

Direcciones:
1. En un recipiente poco profundo para hornear, combine todos los ingredientes.
2. Poner una freidora de aire dentro.
3. Elija el ajuste para la cocción.
4. Confígurelo a 350 grados F.
5. Durante 15 minutos, cocine.

Nutrición: Calorías: 155 kcal Proteínas: 1,11 g Grasas: 6,22 g Hidratos de carbono: 25.15 g

97. Rollos de canela

Tiempo de preparación: 2 horas
Tiempo de cocción: 15 minutos
Porciones: 8

Ingredientes
- 1 libra de masa de pan vegano
- ¾ de taza de azúcar de coco

- 1 y ½ cucharadas de canela en polvo
- 2 cucharadas de aceite vegetal

Direcciones:

1. Enrollar la masa en una superficie de trabajo enharinada, dar forma de rectángulo y pincelar con el aceite.
2. En un bol, mezclar la canela con el azúcar, remover, espolvorear esto sobre la masa, formar un tronco, cerrar bien y cortar en 8 trozos.
3. Deje que los panecillos suban durante 2 horas, colóquelos en la cesta de su Air Fryer, cocínelos a 350 grados F durante 5 minutos, déles la vuelta, cocínelos durante 4 minutos más y páselos a una bandeja.
4. Que lo disfrutes.

Nutrición: Calorías: 170, Grasa: 1g, Fibra: 1g, Carbohidratos: 7g, Proteínas: 6g.

98. Donas veganas

Tiempo de preparación: 10 minutos
Tiempo de cocción: 15 minutos
Porciones: 4

Ingredientes:

- 8 onzas de harina de trigo integral
- 2 cucharadas de azúcar de coco
- 1 cucharada de harina de lino mezclada con 2 cucharadas de agua
- 2 y ½ cucharadas de aceite vegetal
- 4 onzas de leche de almendras
- 1 cucharadita de polvo de hornear

Direcciones:

1. En un bol, mezclar 1 cucharada de aceite con el azúcar, la levadura en polvo y la harina y remover.
2. En un segundo bol, mezclar la harina de lino con 1 y ½ cucharadas de aceite y la leche y remover bien.
3. Combine las 2 mezclas, revuelva, forme donas con esta mezcla, colóquelas en la canasta de su Air Fryer y cocine a 360 grados F durante 15 minutos.
4. Sírvalos calientes.
5. Que lo disfrutes.

Nutrición: Calorías: 210, Grasa: 12g, Fibra: 1g, Carbohidratos: 12g, Proteínas: 4g.

99. Tarta de manzana

Tiempo de preparación: 10 minutos
Tiempo de cocción: 40 minutos
Porciones: 6
Ingredientes:

- 3 tazas de manzanas, descorazonadas y cortadas en cubos
- 1 taza de azúcar de coco
- 1 cucharada de extracto de vainilla
- 2 cucharadas de harina de lino combinadas con 3 cucharadas de agua
- 1 cucharada de especias para tartas de manzana
- 2 tazas de harina de trigo integral
- 1 cucharada de levadura en polvo
- 2 cucharadas de aceite vegetal

Direcciones:

1. En un cuenco, mezcle la harina de lino con el aceite, la especia para tartas de manzana, las manzanas, la vainilla y el azúcar y remuévalo con la batidora
2. En otro bol, mezclar la levadura en polvo con la harina y remover.
3. Combinar las 2 mezclas, remover y verter en un molde desmontable.
4. Ponga el molde en su Air Fryer y cocine a 320 grados F durante 40 minutos
5. Cortar y servir.
6. Que lo disfrutes.

Nutrición: Calorías: 202, Grasa: 6g, Fibra: 7g, Carbohidratos: 14g, Proteínas: 7g,

100. Tarta de lava de naranja

Tiempo de preparación: 10 minutos
Tiempo de cocción: 20 minutos
Porciones: 3
Ingredientes:

- 1 cucharada de harina de lino combinada con 2 cucharadas de agua
- 4 cucharadas de azúcar de coco
- 2 cucharadas de aceite de oliva
- 4 cucharadas de leche de almendras
- 4 cucharadas de harina de trigo integral
- 1 cucharada de cacao en polvo
- ½ cucharadita de levadura en polvo
- ½ cucharadita de ralladura de naranja, rallada

Direcciones:

1. En un bol, mezcle la harina de lino con el azúcar, el aceite, la leche, la harina, el cacao en polvo, la levadura en polvo y la ralladura de naranja, revuelva muy bien y vierta esto en un ramekin engrasado que se ajuste a su Air Fryer.
2. Añada el ramekin a su Air Fryer, cocine a 320 grados F durante 20 minutos y sirva caliente.
3. Que lo disfrutes.

Nutrición: Calorías: 191, Grasa: 7g, Fibra: 8g, Carbohidratos: 13g, Proteínas: 4g.

101. Manzanas a la canela

Tiempo de preparación: 10 minutos
Tiempo de cocción: 10 minutos
Porciones: 4

Ingredientes:

- 2 cucharaditas de canela en polvo
- 5 manzanas sin corazón y cortadas en trozos
- ½ cucharadita de polvo de nuez moscada
- 1 cucharada de jarabe de arce
- ½ taza de agua
- 4 cucharadas de aceite vegetal
- ¼ de taza de harina de trigo integral
- ¾ de taza de avena arrollada a la antigua
- ¼ de taza de azúcar de coco

Direcciones:

1. Ponga las manzanas en una sartén que se adapte a su Air Fryer, añada canela, nuez moscada, jarabe de arce y agua.
2. Agregue el aceite mezclado con la avena, el azúcar y la harina, revuelva, extienda sobre las manzanas, introduzca en su Air Fryer, cocine a 350 grados F durante 10 minutos y sírvalas calientes.
3. Que lo disfrutes.

Nutrición: Calorías: 180, Grasa: 6g, Fibra: 8g, Carbohidratos: 19g, Proteínas: 12g.

102. Pan de canela con zanahoria y piña

Tiempo de preparación: 10 minutos
Tiempo de cocción: 45 minutos
Porciones: 6

Ingredientes

- 5 onzas de harina de trigo integral
- ¾ de cucharadita de levadura en polvo
- ½ cucharadita de bicarbonato de sodio
- ½ cucharadita de canela en polvo
- ¼ de cucharadita de nuez moscada molida
- 1 cucharada de harina de lino combinada con 2 cucharadas de agua
- 3 cucharadas de crema de coco
- ½ taza de azúcar
- ¼ de taza de zumo de piña
- 4 cucharadas de aceite de girasol
- 1/3 de taza de zanahorias ralladas
- 1/3 de taza de pacanas, tostadas y picadas
- 1/3 de taza de copos de coco, rallados
- Spray de cocina

Direcciones:

1. En un bol, mezclar la harina con el bicarbonato y el polvo, la sal, la canela y la nuez moscada.
2. En otro bol, mezclar la harina de lino con la crema de coco, el azúcar, el zumo de piña, el aceite, las zanahorias, las nueces y los copos de coco. Remover bien.

3. Combine las dos mezclas y revuélvalas bien, viértalas en un molde desmontable engrasado con aceite en aerosol, transfiéralo a su freidora de aire y cocínelo a 320 grados F durante 45 minutos.
4. Dejar enfriar el pastel, cortarlo y servirlo.
5. Que lo disfrutes.

Nutrición: Calorías: 180, Grasa: 6g, Fibra: 2g, Carbohidratos: 12g, Proteínas: 4g.

103. Barras de cacao y coco

Tiempo de preparación: 10 minutos
Tiempo de cocción: 14 minutos
Porciones: 12
Ingredientes:

- 6 onzas de aceite de coco, derretido
- 3 cucharadas de harina de lino combinadas con 3 cucharadas de agua
- 3 onzas de cacao en polvo
- 2 cucharaditas de vainilla
- ½ cucharadita de levadura en polvo
- 4 onzas de crema de coco
- 5 cucharadas de azúcar de coco

Direcciones:
1. En una batidora, mezclar la harina de lino con el aceite, el cacao en polvo, la levadura en polvo, la vainilla, la nata y el azúcar y pulsar.
2. Vierta esto en una fuente de horno forrada que se ajuste a su Air Fryer, introduzca en la freidora a 320 grados F, hornee durante 14 minutos, corte en rectángulos y sirva.
3. Que lo disfrutes.

Nutrición: Calorías: 178, Grasa: 14g, Fibra: 2g, Carbohidratos: 12g, Proteínas: 5g.

104. Tarta de vainilla

Tiempo de preparación: 10 minutos
Tiempo de cocción: 25 minutos
Porciones: 12

Ingredientes:

- 6 cucharadas de té negro en polvo
- 2 tazas de leche de almendras, calentada
- 2 tazas de azúcar de coco
- 3 cucharadas de harina de lino combinadas con 3 cucharadas de agua
- 2 cucharaditas de extracto de vainilla
- ½ taza de aceite vegetal
- 3 y ½ tazas de harina de trigo integral
- 1 cucharadita de bicarbonato de sodio
- 3 cucharaditas de polvo de hornear

Direcciones:

1. En un bol, mezclar la leche calentada con el té en polvo, remover y dejar de lado por ahora.
2. En un recipiente más grande, mezcle el aceite con el azúcar, la harina de lino, el extracto de vainilla, la levadura en polvo, el bicarbonato de sodio y la harina y revuelva todo muy bien.
3. Añadir la mezcla de té y leche. Remover bien y verter en un molde engrasado.
4. Introducir en la freidora, cocinar a 330 grados F durante 25 minutos, dejar enfriar, cortar en rodajas y servir.
5. Que lo disfrutes.

Nutrición: Calorías: 180, Grasa: 4g, Fibra: 4g, Carbohidratos: 6g, Proteínas: 2g.

105. Pastelitos de manzana

Tiempo de preparación: 10 minutos
Tiempo de cocción: 20 minutos
Porciones: 4

Ingredientes:

- 4 cucharadas de aceite vegetal
- 3 cucharadas de harina de lino combinadas con 3 cucharadas de agua
- ½ taza de puré de manzana
- 2 cucharaditas de canela en polvo
- 1 cucharadita de extracto de vainilla
- 1 manzana, sin corazón y picada

- 4 cucharaditas de jarabe de arce
- ¾ de taza de harina de trigo integral
- ½ cucharadita de levadura en polvo

Direcciones:
1. Calentar una sartén con el aceite a fuego medio, añadir el puré de manzana, la vainilla, la harina de lino y el jarabe de arce. Remover, retirar del fuego y enfriar.
2. Añade la harina, la canela, la levadura en polvo y las manzanas, bate, vierte en un molde para magdalenas, introduce en tu Air Fryer a 350 grados F y hornea durante 20 minutos.
3. Transfiera las magdalenas a una bandeja y sírvalas calientes.
4. Que lo disfrutes.

Nutrición: Calorías: 200, Grasa: 3g, Fibra: 1g, Carbohidratos: 5g, Proteínas: 4g.

106. Pan de Naranja con Almendras

Tiempo de preparación: 20 minutos
Tiempo de cocción: 40 minutos
Porciones: 8
Ingredientes:
- 1 naranja, pelada y cortada en rodajas
- Zumo de 2 naranjas
- 3 cucharadas de aceite vegetal
- 2 cucharadas de harina de lino combinadas con 2 cucharadas de agua
- ¾ de taza de azúcar de coco + 2 cucharadas
- ¾ de taza de harina de trigo integral
- ¾ de taza de almendras molidas

Direcciones:
1. Engrasar un molde para pan con un poco de aceite, espolvorear 2 cucharadas de azúcar y disponer las rodajas de naranja en el fondo.
2. En un tazón, mezcle el aceite con ¾ de taza de azúcar, las almendras, la harina y el jugo de naranja, revuelva, coloque esto

sobre las rodajas de naranja, coloque la sartén en su Air Fryer y cocine a 360 grados F durante 40 minutos.
3. Cortar y servir el pan de inmediato.
4. Que lo disfrutes.

Nutrición: Calorías: 202, Grasa: 3g, Fibra: 2g, Carbohidratos: 6g, Proteínas: 6g.

107. Tarta de mandarina

Tiempo de preparación: 10 minutos
Tiempo de cocción: 20 minutos
Porciones: 8
Ingredientes:
- ¾ de taza de azúcar de coco
- 2 tazas de harina de trigo integral
- ¼ de taza de aceite de oliva
- ½ taza de leche de almendras
- 1 cucharadita de vinagre de sidra
- ½ cucharadita de extracto de vainilla
- Zumo y ralladura de 2 limones
- Zumo y cáscara de 1 mandarina

Direcciones:
1. En un bol, mezclar la harina con el azúcar y remover.
2. En otro bol, mezcle el aceite con la leche, el vinagre, el extracto de vainilla, el zumo y la ralladura de limón, la ralladura de mandarina y la harina y bata muy bien. Vierta esto en un molde para pasteles, introduzca en la freidora y cocine a 360 grados F durante 20 minutos.
3. Servir enseguida.
4. Que lo disfrutes.

Nutrición: Calorías: 210, Grasa: 1g, Fibra: 1g, Carbohidratos: 6g, Proteínas: 4g.

108. Pan de tomate con arce

Tiempo de preparación: 10 minutos
Tiempo de cocción: 30 minutos
Porciones: 4
Ingredientes:

- 1 y ½ tazas de harina de trigo integral
- 1 cucharadita de canela en polvo
- 1 cucharadita de polvo de hornear
- 1 cucharadita de bicarbonato de sodio
- ¾ de taza de jarabe de arce
- 1 taza de tomates picados
- ½ taza de aceite de oliva
- 2 cucharadas de vinagre de sidra de manzana

Direcciones:

1. En un bol, mezclar la harina con la levadura en polvo, el bicarbonato, la canela y el jarabe de arce y remover bien.
2. En otro bol, mezclar los tomates con el aceite de oliva y el vinagre y remover bien.
3. Combine las 2 mezclas, revuélvalas bien, viértalas en un molde para pan engrasado, introdúzcalo en la freidora y cocínelo a 360 grados F durante 30 minutos.
4. Dejar enfriar el pastel, cortarlo en trozos y servirlo.
5. Que lo disfrutes.

Nutrición: Calorías: 203, Grasa: 2g, Fibra: 1g, Carbohidratos: 12g, Proteínas: 4g.

CONCLUSIÓN

La fritura no es una técnica difícil o complicada, pero se necesita una freidora de aire, los ingredientes adecuados y la receta correcta. Este artículo incluye recetas de alitas de pollo, bocados de coliflor con salsa de queso, arroz frito con gambas y cerdo, y empanadas de judías negras con salsa de crema de aguacate. La conclusión también ofrece información útil sobre lo que hay que buscar al comprar una freidora de aire.

Si tu cocina se ha visto limitada por "no tener horno", "no tener fogones" o "no tener tiempo", entonces este post puede ser justo lo que necesitas. Consigue la mejor fritura sin la grasa, las patatas, el aceite o la grasa.

La freidora de aire es un aparato fantástico que puede freír lo que quieras con poco o ningún aceite. Si alguna vez hubo una forma saludable de comer alimentos fritos, es ésta. La freidora de aire utiliza calor seco para freír los alimentos. Cuando cocinas con una freidora de aire, no hay temperaturas que controlar y se minimiza el tiempo de preparación porque no tienes que preocuparte de que el aceite caliente salpique fuera de la sartén cuando enciendes la estufa en alto.

Cocinar de forma saludable con una freidora de aire requiere práctica, que se puede adquirir siguiendo algunas recetas básicas hasta que se acostumbre a utilizar la técnica. Si cocinas con los consejos y trucos que se ofrecen en este artículo, podrás preparar una gran comida utilizando un mínimo de aceite o grasa. Una vez que conozca la técnica básica, no dude en experimentar y divertirse. Este es uno de esos regalos que sigue dando, ya que puede utilizarse para muchos tipos de alimentos, desde aperitivos hasta platos principales y postres, todo ello sin grasa.

Tipos de freidoras de aire

Hay tres tipos de freidoras de aire disponibles en el mercado, según la forma en que funcionan para freír los alimentos. Elija una en función de sus necesidades, su presupuesto y la frecuencia con la que piensa utilizarla. Estos son los tres tipos de freidoras de aire:

1). El primer tipo utiliza aire caliente circulado por un ventilador. Funciona de forma muy parecida a un horno con elementos calefactores incorporados que hacen circular el aire caliente alrededor de los alimentos que se están cocinando. Este tipo no necesita aceite ni mantequilla para cocinar los alimentos. Gracias a esta característica, también puede utilizarse para hornear.

2). El segundo tipo se utiliza mejor para freír porque tiene una cesta que se asienta en un baño de aceite o grasa. También se puede utilizar para hornear, pero no tan bien como el primer tipo.

3). El tercer tipo también utiliza aire caliente para freír los alimentos, pero no utiliza aceite ni grasa. Los alimentos se colocan en una rejilla de alambre para que se cocinen con el aire que circula. Este tipo de freidora de aire es mejor cuando se trata de perder peso o llevar un estilo de vida más saludable. Este tipo de freidoras de aire son muy compactas y ocupan poco espacio, lo que significa que son perfectas en cualquier lugar de su casa.

Cómo utilizar una freidora de aire

Lo mejor es empezar por lo básico cuando se utiliza la freidora de aire. Siga estos consejos siempre que quiera utilizar su freidora de aire:

1). Forre el fondo de la cesta con papel de aluminio o papel pergamino. Esto evitará que los alimentos se caigan cuando los retires después de cocinarlos. También ayuda a mantener la grasa en la cesta, lo que hará que los alimentos queden crujientes sin necesidad de añadir aceite o mantequilla. Algunas marcas tienen incluso una rejilla extraíble para este fin, pero si no la tiene, no se preocupe porque este accesorio no es ajeno a otras técnicas de fritura y se puede comprar por separado y a un coste mucho menor que el de comprar una freidora de aire con rejilla incluida en su precio.

2). El papel de aluminio es más pesado que el papel de pergamino, por lo que mantiene los alambres en su sitio durante la cocción. Esto significa que no tiene que preocuparse de que los alambres se desprendan mientras cocina. También es un seguro en caso de que se derrame aceite en la rejilla.

3). Si tienes poco tiempo, lo mejor es que prepares la comida con antelación, como si usaras un horno o una estufa. La comida no tiene que estar completamente hecha, pero al menos tiene que calentarse para que el aceite o la grasa empiecen a cocinarse a través de ella. El objetivo es el mismo que con todas las demás técnicas de calentamiento. Es necesario que el alimento tenga al menos 160 grados F en el centro de la parte más gruesa del alimento antes de considerarlo seguro.

4). Puede comprobarlo todo a ojo, pero lo mejor es que utilice un comprobador de temperatura digital para asegurarse de que los alimentos están bien cocinados. Esto es especialmente importante si se utiliza una freidora de aire para hornear, ya que es muy similar al uso de un horno, ya que la cocción requiere temperaturas precisas en momentos específicos. Aunque las freidoras de aire se llaman freidoras, también se puede hornear con ellas.

5). Una vez que los alimentos estén bien cocinados, sácalos de la cesta y ponlos en un plato o en un plato forrado con papel de cocina. Debes tener mucha precaución al sacar la comida porque si no tienes cuidado, derramarás aceite por toda la bandeja.

6). A continuación, vierta toda la grasa de la cesta en un cuenco o recipiente para utilizarla para otros fines culinarios. Si compra una freidora de aire que tenga rejillas extraíbles, cuele ese aceite antes de volver a poner los alimentos en la freidora de aire.

7). Ponga aceite o grasa nueva en su freidora de aire antes de volver a utilizarla. Puedes utilizar el mismo aceite una y otra vez en tu freidora, pero debes tener cuidado con esto porque después de un tiempo, el aceite comenzará a arruinar tu comida en lugar de hacerla crujiente y sabrosa.

8). Si va a freír pescado o cualquier otro elemento acuoso, como verduras o frutas, deberá secarlos con palmaditas antes de añadirlos a la cesta. De este modo, se elimina toda el agua y sólo se añade grasa al freír. Si pone alimentos húmedos en la freidora de aire, toda la humedad se cocinará y se producirá un desastre y posiblemente incluso un incendio debido a que el aceite se quema demasiado rápido sin nada que lo absorba.

9). Si no quieres que tu comida sepa a grasa, lo mejor es que cocines sólo cosas que vayas a comer al final para mantener cualquier residuo de aceite dentro de tu cesta. Si estás cocinando algo que vas a servir después, esto no es un problema porque una vez que la comida se cocine, calentará el resto de los ingredientes a su alrededor y los distribuirá uniformemente por todo el plato.

10). También puede cocinar más de un artículo simultáneamente en las freidoras de aire porque son muy eficientes en la cocción. Cuando se cocinan varias cosas simultáneamente, no es necesario dar vueltas como en otras técnicas de fritura. Puede meter más de un artículo en la cesta a la vez y, cuando estén todos hechos, sólo tiene que meterlos en el horno cuando termine de usar su freidora de aire.

LIBRO DE COCINA FÁCIL PARA FREIDORA DE AIRE

Recetas rápidas y sin esfuerzo en la freidora de aire para principiantes

MARGARET RODRIGUEZ

INTRODUCCIÓN

Como persona ocupada a la que le gusta cocinar, puede ser difícil encontrar tiempo para hacerlo. Cocinar requiere tiempo, esfuerzo y a menudo necesita los ingredientes adecuados. Sin embargo, puede tener sus comidas sin ninguna de estas necesidades haciendo uso de una freidora de aire. Esta guía le mostrará cómo verter sus deliciosos alimentos en la freidora de aire para cocinar rápidamente sin tener que pasar horas en la cocina.

La mayoría de la gente está familiarizada con la fritura de alimentos en aceite a fuego medio-bajo, pero ¿qué es exactamente una freidora de aire? La freidora de aire es un aparato de acero inoxidable con elementos calefactores que pueden ajustarse en función del tipo de comida que se quiera preparar. En la máquina, hay unas pequeñas freidoras metálicas que se sitúan en el fondo para permitir que el aire circule alrededor de los alimentos.

La freidora de aire tiene menos grasa que la fritura tradicional y puede utilizarse para cocinar desde postres hasta carne. La freidora de aire no requiere aceite ni necesita ningún equipo de cocción especial; puede crear alimentos deliciosos sin preocupaciones. Puede utilizar verduras ralladas, carne o incluso servir unas palomitas en esta práctica máquina.

Pasará menos tiempo creando comidas porque hacer platos con una freidora de aire requiere muy poco esfuerzo; sin embargo, hay varios elementos que debe conocer para que sus comidas sepan mejor que los resultados de la cocina de otras personas. Cuando seleccione los alimentos que va a cocinar en la freidora de aire, lo mejor es que elija alimentos absorbentes como las patatas, las pechugas de pollo y el pescado porque tendrán mejores resultados que los alimentos densos.

Los postres también se pueden hacer en la freidora de aire, pero evite hacer tartas blandas o húmedas para obtener los mejores resultados. Se pueden hacer pasteles crujientes en una freidora de aire, pero requerirá un poco más de esfuerzo por su parte. Para conseguir un pastel crujiente en su máquina de freír al aire, debe precalentar la máquina durante 15 minutos antes de hornear. Si utiliza un modelo básico para cocinar los alimentos dentro de la freidora de aire, necesitará 10 minutos antes de añadir los ingredientes.

La freidora de aire es para usted si quiere una forma rápida y fácil de cocinar deliciosos platos sin tener que cocinarlos usted mismo. Sin embargo, si quiere cocinar comidas más saludables, la freidora de aire le permitirá hacer cenas sanas sin tener que pasar tiempo en la cocina. Además, si quiere una forma cómoda de cocinar sus comidas favoritas, una freidora de aire es excelente. Incluso si usted tiene una agenda llena o tiene un horario apretado, una freidora de aire se puede utilizar para crear comidas saludables y deliciosas.

Pasará menos tiempo creando comidas porque hacer platos con una freidora de aire requiere muy poco esfuerzo; sin embargo, hay varios elementos que debe conocer para que sus comidas tengan mejor sabor que los resultados de la cocina de otras personas. Cuando seleccione los alimentos que va a cocinar en la freidora de aire, es mejor seleccionar alimentos absorbentes como las patatas, las pechugas de pollo y el pescado porque tendrán mejores resultados que los alimentos densos. Los postres también se pueden hacer en una freidora de aire, pero evite hacer pasteles masticables o húmedos para obtener los mejores resultados. Los pasteles crujientes se pueden hacer en una freidora de aire, pero requerirá un poco más de esfuerzo por su parte. Para conseguir un pastel crujiente en su máquina de freír al aire, debe precalentar la máquina durante 15 minutos antes de hornear. Si utiliza un modelo básico para cocinar los alimentos dentro de la freidora de aire, necesitará 10 minutos antes de añadir los ingredientes.

1. Salchicha Tocino Frijoles Cancan

Tiempo de preparación: 10 minutos
Tiempo de cocción: 20 minutos
Porciones: 6
Ingredientes:

- 6 salchichas medianas
- 6 rebanadas de tocino
- 4 huevos
- 6 rebanadas de pan tostado
- 1 lata de alubias cocidas
- Sal y pimienta, al gusto

Direcciones:

1. Coloque el bacon y las salchichas en la bandeja de cocción. Ajuste el Vortex Instantáneo en la freidora de aire a 350 grados F durante 10 minutos. Introduzca la bandeja de cocción en el Vortex cuando muestre "Add Food". Retire del horno cuando el tiempo de cocción se haya completado. Bata los huevos con sal y pimienta negra y viértalos en un ramekin. Ponga las alubias cocidas en otro ramequín. Poner ambos ramequines en el Instant Vortex y cocinar durante unos 10 minutos. Reparte la mezcla de salchichas, las rebanadas de pan, los huevos y las alubias en platos para servir.

Nutrición: Calorías 518 Proteínas 29,9g Carbohidratos 20g Grasas 34,9g

2. Huevos con tocino en una taza

Tiempo de preparación: 10 minutos
Tiempo de cocción: 16 minutos
Raciones: 2
Ingredientes:

- 2 rebanadas de pan tostadas y untadas con mantequilla
- ½ cucharadita de pimienta roja
- 1 cucharadita de salsa marinara

- 1 rebanada de tocino
- 2 huevos
- 2 cucharadas de leche
- 1 cucharada de queso parmesano rallado
- Pimienta negra recién molida, al gusto

Direcciones:

1. Coloque el bacon en la bandeja de cocción. Ajuste el Vortex Instantáneo en la freidora de aire a 355 grados F durante 8 minutos. Introduzca la bandeja de cocción en el Vortex cuando muestre "Add Food". Retirar del horno cuando el tiempo de cocción haya finalizado. Corta el bacon en trozos pequeños y repártelo en 2 moldes. Poner 1 huevo en cada ramequín sobre el bacon y rociar uniformemente con leche. Cubra con la salsa marinara y el queso parmesano. Sazona con pimienta negra y coloca los ramequines en el Vortex Instantáneo. Cocinar durante unos 8 minutos y sacar para servir.

Nutrición: Calorías 186 Proteínas 13,2g Carbohidratos 6,8g Grasas 11,7g

3. Panecillos crujientes

Tiempo de preparación: 20 minutos
Tiempo de cocción: 18 min.
Porciones: 4

Ingredientes:

- 8 rebanadas de pan, recortadas
- 5 patatas grandes, hervidas y trituradas
- 2 cebollas pequeñas, picadas finamente
- 2 chiles verdes, sin semillas y picados finamente
- 2 cucharadas de cilantro fresco, picado finamente
- ½ cucharadita de cúrcuma molida
- ½ cucharadita de semillas de mostaza
- 1 cucharadita de curry en polvo
- Sal, al gusto
- 2 cucharadas de aceite de oliva, divididas

Direcciones:

1. Poner 1 cucharada de aceite de oliva junto con las semillas de mostaza en una sartén grande a fuego medio. Saltear durante

unos 30 segundos y añadir las cebollas, las hojas de curry y la cúrcuma. Saltear durante unos 5 minutos y añadir el puré de patatas. Sazonar con sal y remover bien. Colóquelo en un bol y añada los chiles y el cilantro. Haga 8 hamburguesas del mismo tamaño con esta mezcla. Humedezca las rebanadas de pan y apriételas suavemente con las palmas de las manos. Coloque cada hamburguesa en el centro de cada rebanada de pan humedecida y doble el pan completamente alrededor de la hamburguesa. Coloque los panecillos en la bandeja de cocción y rocíe con el aceite de oliva restante. Poner el Vortex Instantáneo en la freidora de aire a 390 grados F durante 13 minutos. Introduzca la bandeja de cocción en el Vortex cuando muestre "Añadir alimento". Retire del horno cuando el tiempo de cocción se haya completado. Sirva caliente con té.

Nutrición: Calorías 445 Proteínas 9,7g Carbohidratos 85,5g Grasas 8,1g

4. Patatas de bolsillo

Tiempo de preparación: 15 minutos
Tiempo de cocción: 15 minutos
Porciones: 2

Ingredientes:

- 3 cucharadas de crema agria
- 1 cucharada de mantequilla ablandada
- 1 cucharadita de cebollino picado
- Sal y pimienta negra, al gusto
- 2 patatas
- 1 cucharada de perejil fresco picado
- 1 cucharada de queso mozzarella rallado

Direcciones:

1. Disponga las patatas en la bandeja de cocción y pínchelas con un tenedor. Poner el Vortex Instantáneo en la freidora de aire a 360 grados F durante 15 minutos. Introduzca la bandeja de cocción en el Vortex cuando aparezca el mensaje "Add Food". Retire del horno cuando el tiempo de cocción se haya completado. Mezcle los ingredientes restantes en un bol y rellene con esta mezcla las hendiduras de las patatas para servirlas.

Nutrición: Calorías 247 Proteínas 5,2g Carbohidratos 34,4g Grasas 10,4g

5. Colorido Hash Brown

Tiempo de preparación: 10 minutos
Tiempo de cocción: 25 minutos
Porciones: 2

Ingredientes:
- ½ pimiento verde, sin semillas y picado
- ½ cucharada de aceite de oliva virgen extra
- ¼ de cucharada de orégano seco triturado
- ¼ de cucharada de ajo en polvo
- ¼ de cucharada de chile rojo en polvo
- ½ pimiento rojo, sin semillas y picado
- ¼ de cucharada de comino molido
- ½ cebolla picada
- ½ jalapeño, picado
- Sal y pimienta negra, al gusto
- 5 patatas russet, peladas, cortadas en cubos y puestas en remojo en agua durante 30 minutos

Direcciones:
1. Combine las patatas con el aceite de oliva en un bol y colóquelas en la bandeja de cocción. Ajuste el Vortex Instantáneo en la freidora de aire a 390 grados F durante 5 minutos. Introduzca la bandeja de cocción en el Vortex cuando aparezca el mensaje "Add Food". Retire del horno cuando el tiempo de cocción se haya completado. Triture las patatas junto con el resto de los ingredientes y colóquelas en la bandeja de cocción. Introdúcela en el Vortex Instantáneo y cocina durante unos 20 minutos. Sirve en un plato y en caliente.

Nutrición: Calorías 220 Proteínas 5,2g Carbohidratos 46g Grasas 2,3g

6. Burrito Supremo para el Desayuno

Tiempo de preparación: 15 minutos
Tiempo de cocción: 8 minutos

Raciones: 2

Ingredientes:

- 2 huevos
- 2 cucharadas de salsa
- 2 tortillas integrales
- 4 onzas de pechuga de pollo en rodajas, cocidas
- ¼ de aguacate, pelado, sin hueso y en rodajas
- 2 cucharadas de queso mozzarella rallado
- Sal y pimienta negra, al gusto

Direcciones:

1. Batir los huevos con sal y pimienta negra en un bol. Pase los huevos batidos a una sartén antiadherente y colóquelos en la bandeja de cocción. Poner el Vortex Instantáneo en la freidora de aire a 390 grados F durante 5 minutos. Introduzca la bandeja de cocción en el Vortex cuando aparezca el mensaje "Add Food". Retire del Vortex cuando el tiempo de cocción se haya completado. Disponga las tortillas en un plato y reparta los huevos, la rodaja de pollo y el aguacate entre las tortillas. Cubre con salsa y queso mozzarella y enrolla bien cada tortilla. Poner el Vortex Instantáneo en la freidora de aire a 355 grados F durante 3 minutos. Introduce la bandeja de cocción en el Vortex cuando muestre "Añadir comida". Retire del horno cuando las tortillas se doren.

Nutrición: Calorías 281 Proteínas 26,2g Carbohidratos 15,4g Grasas 13g

7. Tortilla de queso esponjosa

Tiempo de preparación: 10 minutos
Tiempo de cocción: 5 minutos
Raciones: 2

Ingredientes:

- 1 cebolla grande, en rodajas4 huevos
- 1/8 de taza de queso cheddar rallado spray para cocinar
- 1/8 de taza de queso mozzarella rallado pimienta negra recién molida, al gusto
- ¼ de cucharadita de salsa de soja

Direcciones:

1. Bata los huevos, la pimienta negra y la salsa de soja en un bol. Coloque las cebollas en la bandeja de cocción y cubra con la mezcla de huevos y el queso. Poner el Vortex Instantáneo en la freidora de aire a 360 grados F durante 5 minutos. Introduzca la bandeja de cocción en el Vortex cuando aparezca el mensaje "Add Food". Retire del horno cuando el tiempo de cocción se haya completado. Sirva caliente.

Nutrición: Calorías 216 Proteínas 15,5g Carbohidratos 7,9g Grasas 13,8g

8. Desayuno rico en proteínas

Tiempo de preparación: 10 minutos
Tiempo de cocción: 23 minutos
Porciones: 4

Ingredientes:

- 7 onzas de jamón, en rodajas
- 4 cucharaditas de leche
- 1 cucharada de aceite de oliva
- 1 cucharada de mantequilla sin sal, derretida
- 1 libra de espinacas tiernas frescas
- 4 huevos
- Sal y pimienta negra, al gusto

Direcciones:

1. Poner el aceite de oliva y las espinacas en una sartén a fuego medio. Saltear durante unos 3 minutos y escurrir las espinacas completamente. Pasar estas espinacas a los ramequines y poner una capa de lonchas de jamón. Romper 1 huevo en cada ramequín sobre las lonchas de jamón y verter la leche. Espolvorear con sal y pimienta negra y colocar en la bandeja de cocción. Poner el Vortex Instantáneo en la freidora de aire a 355 grados F durante 20 minutos. Introduzca la bandeja de cocción en el Vortex cuando muestre "Añadir alimento". Retire del horno cuando el tiempo de cocción se haya completado. Sirva caliente.

Nutrición: Calorías 228 Proteínas 17,2g Carbohidratos 6,6g Grasas 15,8g

9. Huevo en una cesta de pan

Tiempo de preparación: 10 minutos
Tiempo de cocción: 10 minutos
Raciones: 2

Ingredientes:

- 2 rebanadas de pan
- 2 huevos
- ½ cucharada de aceite de oliva
- 1/8 de cucharadita de jarabe de arce
- 1/8 de cucharadita de vinagre balsámico
- ¼ de cucharadita de perejil fresco picado
- Sal y pimienta negra, al gusto
- 2 cucharadas de mayonesa
- 1 rebanada de tocino picado
- 4 rodajas de tomate
- 1 cucharada de queso mozzarella rallado

Direcciones:

1. Engrasar 2 moldes y colocar una rebanada de pan en cada uno. Añade el tomate y las lonchas de bacon y espolvorea con el queso mozzarella. Rompa 1 huevo en cada cazuela y vierta el vinagre balsámico y el jarabe de arce. Espolvorear con perejil, sal y pimienta negra y colocar en la bandeja de cocción. Poner el Vortex Instantáneo en la freidora de aire a 325 grados F durante 10 minutos. Introduzca la bandeja de cocción en el Vortex cuando aparezca el mensaje "Add Food". Retire del horno cuando el tiempo de cocción se haya completado. Cubra con mayonesa y sirva caliente.

Nutrición: Calorías 245 Proteínas 12,8 g Carbohidratos 10,2g Grasas 17,1g

10. Sabrosas yemas de huevo con calamares

Tiempo de preparación: 20 minutos
Tiempo de cocción: 16 minutos
Porciones: 4

Ingredientes:

- 4 yemas de huevo crudas saladas

- 2 cucharadas de leche evaporada
- ½ taza de caldo de pollo
- ½ taza de harina de reposo
- 14 onzas de calamares flor, limpios y secos
- 1 cucharada de azúcar
- 2 chiles verdes, sin semillas y picados
- 3 cucharadas de aceite de oliva
- 1 cucharada de curry en polvo
- Sal y pimienta negra, al gusto

Direcciones:

1. Pasar los calamares por harina y sazonar con sal y pimienta negra. Coloque los calamares en la bandeja de cocción. Ajuste el Vortex Instantáneo en la freidora de aire a 375 grados F durante 8 minutos. Introduzca la bandeja de cocción en el Vortex cuando muestre "Añadir alimento". Retire del horno cuando el tiempo de cocción se haya completado. Ponga el aceite de oliva, los chiles y las hojas de curry en una sartén a fuego medio. Saltea durante unos 3 minutos y añade las yemas de huevo y el caldo de pollo. Cocine durante unos 5 minutos, removiendo continuamente e incorpore la leche evaporada y el azúcar. Mezcle bien y añada los calamares flor fritos. Mezclar hasta que se cubran uniformemente y servir caliente.

Nutrición: Calorías 311 Proteínas 21g Carbohidratos 19,8g Grasas 16,1g

11.   Bolas de mostaza dulce

Tiempo de preparación: 10 minutos
Tiempo de cocción: 15 minutos
Porciones: 4

Ingredientes:

- 1 cucharadita de mostaza
- 1 cucharadita de miel
- ½ libra de carne de cerdo molida
- 1 cebolla picada
- 2 cucharadas de albahaca fresca picada
- ½ cucharada de queso parmesano rallado
- 1 cucharadita de pasta de ajo

- Sal y pimienta negra, al gusto
- ½ cucharada de queso cheddar rallado

Direcciones:

1. Mezclar todos los ingredientes en un bol y hacer bolas del mismo tamaño con la mezcla. Coloque las bolas en la bandeja de cocción. Ponga el Vortex Instantáneo en la freidora de aire a 395 grados F durante 15 minutos. Introduzca la bandeja de cocción en el Vortex cuando aparezca el mensaje "Add Food". Retire del horno cuando el tiempo de cocción se haya completado. Sirva caliente.

Nutrición: Calorías 110 Proteínas 15,9g Carbohidratos 4,6g Grasas 2,9g

12. Frittata de tomate con cerezas

Tiempo de preparación: 10 minutos
Tiempo de cocción: 10 minutos
Raciones: 2

Ingredientes:

- 3 huevos
- 1 cucharada de queso parmesano rallado
- 1 cucharadita de perejil fresco picado
- 1 cucharada de aceite de oliva
- ½ de salchicha italiana
- 4 tomates cherry cortados por la mitad
- Sal y pimienta negra, al gusto

Direcciones:

1. Coloque las salchichas y los tomates en la bandeja de cocción. Ajuste el Vortex instantáneo de la freidora de aire a 360 grados F durante 5 minutos. Introduzca la bandeja de cocción en el Vortex cuando aparezca el mensaje "Add Food". Retire del horno cuando el tiempo de cocción se haya completado. Bata los huevos con el queso parmesano, el perejil, el aceite, la sal y la pimienta negra en un bol. Vierte la mezcla de huevos sobre la mezcla de salchichas y colócala en la bandeja de cocción. Poner el Vortex Instantáneo en la freidora de aire a 360 grados F durante 5 minutos. Introduzca la bandeja de cocción en el Vortex cuando aparezca el mensaje "Add Food". Retire del

horno cuando el tiempo de cocción se haya completado. Sirva caliente.

Nutrición: Calorías 293 Proteínas 16,8g Carbohidratos 10,4g Grasas 21,5g

13. Quiche de brócoli y queso en la freidora

Tiempo de preparación: 10 minutos
Tiempo de cocción: 40 minutos
Raciones: 2

Ingredientes:

- 1 brócoli grande
- 1 tomate grande
- 3 zanahorias grandes
- 3 huevos
- ¾ de onza de queso feta
- 3½ onzas de queso cheddar rallado
- 5½ onzas de leche entera
- 1 cucharadita de tomillo
- 1 cucharadita de perejil
- Sal al gusto
- Pimienta según necesidad

Direcciones:

1. Lavar, cortar el tomate en rodajas y reservarlo.
2. Lavar, limpiar y cortar las zanahorias en trozos pequeños.
3. Limpiar y cortar el brócoli en ramilletes del tamaño de un bocado.
4. Poner las zanahorias y el brócoli en una vaporera y cocinarlos durante 20 minutos hasta que se ablanden.
5. Cuando se ablande, escurrir el agua y mantenerlo listo para la siguiente fase de cocción.
6. En un bol mediano, mezcle todos los ingredientes.
7. Romper los huevos y mezclar.
8. Añadir la leche y seguir mezclando.
9. Colocar la verdura en capas en el fondo de la fuente de la quiche.
10. Colocar la rodaja de tomate encima y poner queso rallado encima.

11. Ahora vierte la mezcla de huevos por encima y espolvorea un poco de queso por encima.

12. Ajuste la temperatura de la freidora a 180 grados Celsius y coloque el plato en la cesta de la freidora.

13. Poner el temporizador a 20 minutos y empezar a cocinar.

14. Su plato estará listo después de 20 minutos.

Nutrición: Calorías 488 Carbohidratos 36g Colesterol 232mg Grasa 26g Fibra dietética 11g Proteínas 31g Sodio 683mg Potasio 1607mg Azúcares 15g

14.   Hash de boniato en la freidora

Tiempo de preparación: 10 minutos
Tiempo de cocción: 15 minutos
Porciones: 6
Ingredientes:
- 2 patatas grandes
- 2 cucharadas de aceite de oliva
- 2 rebanadas de tocino
- 1 cucharada de pimentón ahumado
- 1 cucharadita de hierba de eneldo, conductor
- 1 cucharadita de pimienta negra molida
- 1 cucharadita de sal

Direcciones:
1. Pelar, lavar y cortar las patatas en cubos de ½".
2. Cortar el bacon en trozos grandes y reservarlo.
3. Poner todos los ingredientes en un bol grande y removerlos suavemente.
4. Precaliente la freidora de aire a 200 grados Celsius.
5. Coloque el recipiente en la freidora de aire y cocine durante 14-16 minutos.
6. Remover la mezcla de vez en cuando mientras se cocina.
7. Cuando la comida se haya dorado, estará lista para servir.

Nutrición: Calorías 191 Carbohidratos 31,4g Colesterol 3mg Fibra dietética 5,1g Grasa 6g Sodio 447mg Potasio 566mg Proteínas 3,7g Azúcares 6g

15. Muffins de arándanos y nueces en la freidora

Tiempo de preparación: 10 minutos
Tiempo de cocción: 15 minutos
Raciones: 6-8
Ingredientes:

- ¼ de taza de leche de anacardo
- ½ cucharadita de extracto de vainilla
- 2 huevos grandes
- 1½ taza de harina de almendra
- ¼ de taza de edulcorante
- ¼ de cucharadita de canela
- 1 cucharadita de polvo de hornear
- ¼ de taza de nueces picadas
- ½ taza de arándanos frescos
- ¼ de cucharadita de sal

Direcciones:

1. Combine el extracto de vainilla, la leche y los huevos en la jarra de la batidora durante unos 30 segundos.
2. A continuación, añada la levadura en polvo, la harina de almendras, el azúcar, la canela y la sal.
3. Continúe mezclando durante 45 minutos.
4. Ahora saca la jarra de la batidora de la base y añade la mitad de las nueces picadas y los arándanos frescos. Combina bien la mezcla.
5. Pasar la mezcla a los moldes de silicona para magdalenas.
6. Esparcir el resto de las nueces picadas y los arándanos frescos.
7. Ahora coloque con cuidado los moldes para magdalenas en la cesta de la freidora.
8. Poner la temperatura de horneado a 160 grados Celsius y el temporizador a 12-15 minutos.
9. Una vez transcurrido el temporizador, comprueba los panecillos con un palillo para comprobar el estado de la cocción. Si el palillo sale limpio, su comida está perfectamente cocida. En caso contrario, debe continuar la cocción durante otros 2-3 minutos.
10. Saque las magdalenas de la freidora y colóquelas en una rejilla para que se enfríen.

11. Puedes volver a coronar con glaseado de arce y chocolate
blanco.

Nutrición: Cal: 51 Colesterol 47mg Grasa 3,9g Carbohidratos 1,4g
Sodio 43mg Fibra dietética 0,8g Azúcares 0,5g

16.   Tocino para freír al aire libre

Tiempo de preparación: 1 minuto
Tiempo de cocción: 7 minutos
Porciones: 6
Ingredientes:

* 6 tiras de bacon

Direcciones:

1. Coloque las tiras de tocino en la freidora de aire sin
   superponerlas.
2. Poner la temperatura a 175 grados Celsius y cocinar durante 7
   minutos.
3. Entre medias, dar la vuelta a las tiras de bacon y seguir friendo.
4. Cuando el tocino esté crujiente, servir caliente.

Nutrición: Calorías 100 Carbohidratos 0g Grasa 9g Colesterol 0mg
Fibra dietética 0g Azúcares 0g Proteínas 4g Sodio 300mg Potasio 0mg

17.   Palitos de tostadas francesas instantáneas

Tiempo de preparación: 10 minutos
Tiempo de cocción: 10 minutos
Raciones: 2
Ingredientes:

* 2 Huevos
* 4 rebanadas de pan grueso
* ¼ de taza de leche -
* 1 cucharadita de extracto de vainilla
* 1/8 cucharadita de nuez moscada molida
* ½ cucharadita de canela molida
* 2 cucharadas de azúcar
* Papel para hornear, según sea necesario

Direcciones:

1. Batir los huevos suavemente en un bol pequeño. Cortar el pan de molde en 3 trozos. Coloque el papel para hornear en la cesta de la freidora de aire. Combine todos los ingredientes excepto las rebanadas de pan. Sumerja cada una de las rebanadas de pan en la mezcla y colóquelas en la cesta de la freidora. Coloque todas las rebanadas de pan sumergidas en una sola capa, sin que se superpongan unas a otras. Si no hay mucho espacio en la cesta de aire, puede cocinar las tostadas en tandas. Programe el temporizador para 10 minutos y dé la vuelta al pan después de 5 minutos.

Nutrición: Calorías 231 Carbohidratos 2806g Colesterol 188mg Fibra dietética 1,9g Sodio 423mg Potasio 173mg Proteínas 11,2g Azúcares 4g

18.   Pop Tarts de fresa en la freidora

Tiempo de preparación: 15 minutos
Tiempo de cocción: 10 minutos
Porciones: 6
Ingredientes:

- 1/3 de taza de mermelada de fresa, baja en azúcar
- 2 cortezas de tarta refrigeradas
- 1 cucharadita de almidón de maíz
- ½ taza de yogur griego de vainilla natural
- 1 onza de queso cremoso bajo en grasa
- 1 cucharadita de stevia
- 1 cucharadita de azúcar espolvoreado
- aceite de oliva, para engrasar

Direcciones:

1. En una tabla de cortar, coloque las cortezas de la tarta. Corta las cortezas en 6 formas oblongas, para que puedas cubrir la tarta pop doblando. En un recipiente ponga la maicena, las conservas de fresa y mezcle bien.
2. Vierta un poco de conserva sobre la corteza. Dobla y cierra las tartas pop. Utilizando un tenedor, crear líneas verticales y horizontales.
3. Ahora coloque los pop tarts en la freidora de aire. Rocía un poco de aceite de oliva. Pon la temperatura a 190 grados Celsius y cocina durante 10 minutos.

4. Empezar a controlar a partir de los 7 minutos y no hornearlo demasiado crujiente. Una vez terminado el horneado, retirar y dejar enfriar.
5. El siguiente paso es hacer la escarcha. En un bol mediano, mezcla el queso crema, el yogur griego y la stevia.
6. Cubrir con el glaseado. Rocíe un poco de azúcar por encima y sirva.

Nutrición: Calorías 372 Carbohidratos 42g Colesterol 0mg Grasa 21g Sodio 332mg Fibra dietética 1,2g Azúcares 9,4g Potasio 54mg

19. <u>Magdalenas de calabaza para freír al aire</u>

Tiempo de preparación: 2 minutos
Tiempo de cocción: 15 minutos
Porciones: 12

Ingredientes:
- 1 taza de puré de calabaza
- 2 tazas de avena
- ½ taza de miel
- 2 huevos
- 1 cucharadita de mantequilla de coco
- 1 cucharada de nibs de cacao
- 1 cucharadita de nuez moscada
- 1 cucharada de esencia de vainilla

Direcciones:
1. Con una batidora, combinar todos los ingredientes hasta conseguir una pasta suave.
2. Ahora rellena la mezcla para magdalenas en 12 moldes para magdalenas.
3. Colóquelo en la cesta de la freidora.
4. Poner la temperatura a 180 grados Celsius y cocinar durante 15 minutos.
5. Servir cuando se enfríe.

Nutrición: Calorías 121 Carbohidratos 22mg Colesterol 27mg Grasa 2g Fibra dietética 2g Sodio 13mg Potasio 108mg Proteínas 3g Azúcares 12g

20. <u>Tartas de huevo infladas para el desayuno</u>

Tiempo de preparación: 10 minutos
Tiempo de cocción: 10 minutos
Porciones: 4

Ingredientes:

- 1 hoja de hojaldre congelada
- 4 huevos grandes
- 3 cucharadas de harina común
- ¾ de taza de queso rallado
- 1 cucharada de perejil finamente picado
- Papel de pergamino, según sea necesario

Direcciones:

1. Descongelar la lámina de hojaldre congelada. Extiende la harina en una mesa de trabajo plana.
2. Extienda la lámina de hojaldre descongelada y córtela en 4 cuadrados. Ajuste la temperatura a 200 grados Celsius y precaliente la freidora de aire.
3. Coloque 2 cuadrados en la freidora de aire uno al lado del otro sin que se toquen ni se superpongan. Fríelo al aire hasta que la masa se dore.
4. Abra la freidora de aire y cree una depresión en el centro de cada cuadrado. Poner 3 cucharadas de queso rallado en la hendidura.
5. Ahora rompa los huevos con cuidado y colóquelos en el centro de la hendidura de cada masa. Pon el temporizador a 10 minutos. (Puedes ajustar el tiempo según la forma en que quieras que se cocine el huevo)
6. Extiende el papel pergamino sobre la rejilla. Después de la cocción, retírela y manténgala en una rejilla extendida con papel pergamino.
7. Deje que se enfríe durante 5 minutos. Antes de servirlo, aderécelo con perejil picado.
8. Servir caliente.

Nutrición: Calorías 234 Carbohidratos 10,7g Colesterol 208mg Grasa 15,3g Fibra dietética 0,2g Azúcares 1g Proteínas 13g Sodio 240mg Potasio 99mg

21. <u>Tortilla en la freidora</u>

Receta básica
Tiempo de preparación: 5 minutos
Tiempo de cocción: 8 minutos
Raciones: 2

Ingredientes:

- 2 huevos
- 1¾ onzas de jamón fresco
- ¼ de taza de leche
- ½ cebolla verde
- 1pimienta
- 3 onzas de champiñones
- ¼ de taza de queso rallado
- ¼ de cucharadita de sal
- 1 cucharada de aceite de oliva

Direcciones:

1. Picar finamente el jamón y mantenerlo listo.
2. Picar el pimiento y reservar.
3. Cortar la cebolla en dados.
4. Cortar los champiñones en trozos pequeños.
5. Bata la leche y los huevos en un bol mediano.
6. Añadir la sal y mezclar bien.
7. Ahora añade el jamón picado, el pimiento, la cebolla y los champiñones.
8. Engrasa la sartén de la freidora de aire con aceite de oliva y vierte la mezcla de huevos.
9. Poner la temperatura a 180 grados Celsius y cocinar durante 10 minutos.
10. Tras 5 minutos de cocción, espolvorear el condimento de desayuno sobre la mezcla de huevos.
11. Por encima espolvorear el queso rallado.
12. Una vez terminada la cocción, retírela a un plato de servir.
13. Adorne con cebolla verde finamente picada antes de servir.

Nutrición: Calorías 220 Carbohidratos 10,7g Colesterol 174mg Grasa 15,1g Fibra dietética 1,8g Azúcares 6,6g Sodio 548mg Potasio 375mg

22. Desayuno con salchichas en la freidora

Tiempo de preparación: 10 minutos
Tiempo de cocción: 20 minutos
Porciones: 4

Ingredientes:

- 1 libra de salchicha de desayuno, molida
- 1 libra de patatas fritas
- 4 huevos
- 1 pimiento verde cortado en dados
- 1 pimiento amarillo
- 1 pimiento rojo
- ¼ de taza de cebolla dulce picada
- sal según sea necesario
- ½ cucharadita de pimienta

Direcciones:

1. Extienda el papel de aluminio en la cesta de la freidora.
2. Poner las patatas fritas encima del forro.
3. Sobre las patatas fritas, coloque la salchicha de desayuno molida.
4. Ahora coloque la cebolla y los pimientos picados por encima.
5. Poner la temperatura de la freidora de aire a 180 grados Celsius y cocinar durante 10 minutos.
6. Entre la cocción, puede remover ligeramente la mezcla en la freidora de aire.
7. Después de la cocción durante 10 minutos, romper los huevos en la parte superior.
8. De nuevo, cocínelo durante otros 10 minutos a 180 grados Celsius.
9. Espolvorear con sal y pimienta al gusto.
10. Servir caliente.

Nutrición: Calorías 773 Carbohidratos 46,2g Colesterol 259mg Sodio 1467mg Grasa 50,8g Fibra dietética 5,3g Azúcares 5,8g Proteínas 31,9g Potasio 1152mg

23. Tarta de plátano frita al aire

Tiempo de preparación: 10 minutos
Tiempo de cocción: 20 minutos

Porciones: 4

Ingredientes:

- 3 plátanos
- ½ taza de leche
- ½ taza de harina
- 1 cucharadita de bicarbonato de sodio
- 1 cucharadita de polvo de hornear
- ½ cucharadita de canela
- 2/3 tazas de azúcar
- ½ taza de aceite
- ½ cucharadita de sal
- spray antiadherente según necesidad

Direcciones:

1. Mezclar todos los ingredientes con una batidora de mano.
2. Coge una sartén que puedas poner dentro de la freidora de aire y cúbrela ligeramente con spray antiadherente.
3. Vierta la mezcla en la sartén y colóquela dentro de la Air Fryer.
4. Poner el temporizador a 20 minutos a 170 grados Celsius.
5. Compruebe el estado de cocción del pastel introduciendo un palillo, y si sale limpio, puede servirlo o cocinarlo más de 2 a 3 minutos, según las necesidades de cocción.
6. Servir después de enfriar.

Nutrición: Calorías 519 Carbohidratos 67,8g Colesterol 3mg Fibra dietética 2,9g Sodio 351mg Potasio 479mg Proteínas 3,6g Azúcares 45,6g

24. Cazuela de desayuno

Tiempo de preparación: 10 minutos
Tiempo de cocción: 28 minutos
Porciones: 4

Ingredientes:

- 2 huevos
- 4 claras de huevo
- 4 cucharaditas de piñones picados
- 2/3 de taza de caldo de pollo
- 1 libra de salchicha italiana

- 1/4 de taza de pimiento rojo asado, en rodajas
- 1/4 de taza de salsa pesto
- 2/3 de taza de queso parmesano rallado
- 1/8 cucharadita de pimienta
- 1/4 de cucharadita de sal marina

Direcciones:

1. Precaliente la freidora de aire a 370 F.
2. Rocíe la sartén de la freidora con aceite en aerosol y apártela.
3. Calentar otra sartén a fuego medio. Añade las salchichas en una sartén y cocínalas hasta que se doren.
4. Una vez cocido, escurrir el exceso de aceite y repartirlo en la sartén preparada.
5. Bata el resto de los ingredientes, excepto los piñones, en un bol y viértalos sobre la salchicha.
6. Coloque la sartén en la freidora de aire y cocine durante 25-28 minutos.
7. Cubrir con piñones y servir.

Nutrición: Calorías 625 Grasas 49 g Carbohidratos 2 g Azúcar 2,1 g Proteínas 39 g Colesterol 200 mg.

25. Hueveras

Tiempo de preparación: 10 minutos
Tiempo de cocción: 18 minutos
Porciones: 12

Ingredientes:

- 12 huevos
- 4 oz. de queso crema
- 12 tiras de bacon, sin cocer
- 1/4 de taza de salsa búfalo
- 2/3 de taza de queso cheddar rallado
- Pimienta
- Sal

Direcciones:

1. En un bol, bata los huevos, la pimienta y la sal.
2. Forrar cada molde de silicona para magdalenas con una tira de bacon.

3. Vierta la mezcla de huevo en cada molde de muffin y colóquelo en la cesta de la freidora de aire. (En tandas)
4. Cocinar a 350 F durante 8 minutos.
5. En otro recipiente, mezcle el queso cheddar y el queso crema y caliéntelo en el microondas durante 30 segundos. Añade la salsa búfalo y remueve bien.
6. Saque los moldes de magdalenas de la freidora de aire y añada 2 cucharaditas de la mezcla de queso en el centro de cada huevera.
7. Vuelva a colocar los moldes de magdalenas en la freidora de aire y cocine durante 10 minutos más.
8. Servir y disfrutar.

Nutrición: Calorías 225 Grasas 19 g Hidratos de carbono 1 g Azúcar 0,4 g Proteínas 11 g Colesterol 180 mg

26. Magdalenas de brócoli

Tiempo de preparación: 10 minutos
Tiempo de cocción: 24 minutos
Porciones: 6
Ingredientes:
- 2 huevos grandes
- 1 taza de ramilletes de brócoli picados
- 1 taza de leche de almendras sin azúcar
- 2 tazas de harina de almendra
- 1 cucharadita de polvo de hornear
- 2 cucharadas de levadura nutricional
- 1/2 cucharadita de sal marina

Direcciones:
1. Precaliente la freidora de aire a 325 F.
2. Añadir todos los ingredientes en el bol grande y mezclar hasta que estén bien combinados.
3. Vierta la mezcla en los moldes de silicona para magdalenas y colóquelos en la cesta de la freidora de aire.
4. Cocinar las magdalenas durante 20-24 minutos.
5. Servir y disfrutar.

Nutrición: Calorías 260 Grasas 21,2 g Hidratos de carbono 11 g Azúcar 1,7 g Proteínas 12 g Colesterol 62 mg

27. Calabacín gratinado

Tiempo de preparación: 10 minutos
Tiempo de cocción: 24 minutos
Porciones: 4

Ingredientes:

- 1 huevo grande, ligeramente batido
- 1 1/4 de taza de leche de almendras sin azúcar
- 3 calabacines medianos, cortados en rodajas
- 1 cucharada de mostaza de Dijon
- 1/2 taza de levadura nutricional
- 1 cucharadita de sal marina

Direcciones:

1. Precaliente la freidora de aire a 370 F.
2. Coloque las rodajas de calabacín en la bandeja de la freidora.
3. En un cazo, calentar la leche de almendras a fuego lento y añadir la mostaza de Dijon, la levadura nutricional y la sal marina. Añade el huevo batido y bate bien. Vierte la salsa sobre las rodajas de calabacín.
4. Coloque el plato en la freidora de aire y cocine durante 20-24 minutos.
5. Servir y disfrutar.

Nutrición: Calorías 120 Grasas 3,4 g Hidratos de carbono 14 g Azúcar 2 g Proteínas 13 g Colesterol 47 mg

28.   Rollos de primavera

Tiempo de preparación: 8 minutos
Tiempo de cocción: 14 minutos
Raciones: 2
Ingredientes:

- Una mordaza batida
- Una cebolla verde picada
- ¼ de taza de champiñones picados
- ¼ de taza de calabacín rallado
- ½ cucharada de maicena
- Cuatro envoltorios de rollos de huevo
- ¼ de taza de zanahoria rallada
- Una cucharada de salsa de soja

Direcciones:
1. Revuelva las zanahorias, los champiñones, el calabacín, las cebollas verdes y la salsa de soja en un plato.
2. Colocar los envoltorios de los rollos de huevo en una superficie de trabajo de forma ordenada.
3. Combine la maicena y el huevo en un recipiente y extienda la mezcla sobre los rollos de huevo.
4. Extiende la mezcla de verduras en cada uno y enróllalo bien.
5. Selle los bordes, luego coloque todos los rollos en su freidora de aire precalentada y cocine durante 14 minutos a 370 grados F.
6. Servir para el almuerzo disponiendo en una bandeja.

Nutrición: Calorías 170, grasas 5, fibra 5, carbohidratos 7, proteínas 6.

29.   Tostada de verduras

Tiempo de preparación: 8 minutos
Tiempo de cocción: 16 minutos
Raciones: 2
Ingredientes:

- ¼ de taza de queso de cabra

- Una cebolla verde cortada en rodajas
- ½ taza de champiñones cremini en rodajas
- Dos rebanadas de pan
- Una cucharada de mantequilla
- ½ cucharada de aceite de oliva
- ½ taza de champiñones cremini en rodajas
- ¼ de pimiento rojo, cortado en tiras finas
- ½ calabaza amarilla picada

Direcciones:

1. Mezcle el pimiento rojo con los champiñones, la calabaza, las cebollas verdes y el aceite en una taza, y luego páselo a su freidora de aire. Cocine durante 15 minutos a 350F.
2. Después de 10 minutos, sacudir bien la freidora y sacar las patatas fritas a una cubeta.
3. Unte las rebanadas de pan con mantequilla y cocínelas en la freidora de aire durante 6 minutos a 360 grados F.
4. Servir para el almuerzo extendiendo la mezcla de verduras en cada rebanada de pan y cubriéndola con queso desmenuzado.

Nutrición: Calorías 150, grasas 2, fibra 3, carbohidratos 6, proteínas 2.

30. Champiñones Portobello

Tiempo de preparación: 10 minutos
Tiempo de cocción: 12/15 minutos
Raciones: 2

Ingredientes:

- ½ cucharada de romero picado
- ½ taza de espinacas rotas
- 2½ cucharadas de parmesano rallado
- 2½ cucharadas de parmesano rallado
- 1/3 de taza de pan rallado
- ¼ de taza de queso ricotta
- ½ cucharada de aceite de oliva
- Dos grandes tapas de hongos portobello

Direcciones:

1. Frote los sombreros de los champiñones con el aceite, luego póngalos en la cesta de la freidora de aire y cocínelos durante 2 minutos a 350 grados F.

2. Mientras tanto, mezcle la mitad del parmesano con las espinacas, la ricotta, el romero y el pan rallado en un bol y remuévalo bien.
3. Rellene los champiñones con la mezcla, cubra con el parmesano y cocine a 350 grados F durante 10 minutos en la cesta de la freidora.
4. Para el almuerzo, dividir entre los platos y servir con una ensalada de acompañamiento.

Nutrición: Calorías 150, grasas 3, fibra 6, carbohidratos 8, proteínas 4.

31. Pizza de setas

Tiempo de preparación: 8 minutos
Tiempo de cocción: 6 minutos
Raciones: 2

Ingredientes:

- Una taza de mozzarella rallada
- Dos onzas de champiñones de bote en rodajas
- ½ taza de salsa para pizza
- ¼ de cucharada de albahaca seca
- Dos pitas
- ½ cucharada de aceite de oliva
- ½ taza de tomates en rodajas

Direcciones:

1. En cada pan de pita, extienda la salsa de pizza, la cebolla verde, la mozzarella y la albahaca, y luego añada los champiñones y el queso.
2. Coloque las pizzas de pita dentro de la freidora de aire y cocínelas durante 6 minutos a 400 grados F.
3. Servir cada pizza con rodajas de tomate por encima, repartidas entre los platos.

Nutrición: Calorías 200, grasas 4, fibra 6, carbohidratos 7, proteínas 3.

32. Gnocchi de espinacas

Tiempo de preparación: 9 minutos
Tiempo de cocción: 15/17 minutos
Raciones: 2
Ingredientes:

- Ocho onzas de ñoquis
- Cuatro onzas de pesto de espinacas
- 1½ dientes de ajo picados
- ½ cucharada de aceite de oliva
- ¼ de taza de parmesano rallado
- Una cebolla amarilla picada

Direcciones:

1. Engrase la sartén de la freidora con aceite de oliva y añada los ñoquis, la cebolla y el ajo. Coloca la sartén en tu freidora de aire y cocina durante 10 minutos a 380F.
2. Añada el pesto y cocine durante otros 7 minutos a 350 grados F.
3. Servir para el almuerzo dividiendo la mezcla entre los platos.

Nutrición: Calorías 158, grasas 3, fibra 3, carbohidratos 10, proteínas 3.

33. Tacos de pescado

Tiempo de preparación: 8 minutos
Tiempo de cocción: 7/9 minutos
Raciones: 2

Ingredientes:

- ½ taza de queso grand cheddar
- Una cucharada de mostaza
- Dos cucharadas de mantequilla blanda
- ½ taza de calabacín rallado
- Dos onzas de atún en lata escurrido
- Dos tortillas de maíz
- 1/3 de taza de mayonesa

Direcciones:

1. Unte las tortillas con mantequilla, póngalas en la cesta de su freidora de aire y cocínelas durante 3 minutos a 400 grados F.
2. Mientras tanto, combina el atún, el calabacín, la mayonesa y la mostaza en un bol y remueve bien.
3. Coloque la mezcla en cada tortilla, añada el queso por encima, dé la vuelta a las tortillas y vuelva a colocarlas en la cesta de la freidora de aire y cocínelas durante otros 4 minutos a 400 grados F.

4. Servir a la hora del almuerzo.

Nutrición: Calorías 160, grasas 3, fibra 7, carbohidratos 8, proteínas 3.

34. Albóndigas

Tiempo de preparación: 8 minutos
Tiempo de cocción: 7 minutos
Raciones: 2
Ingredientes:

- 1/2 taza de zanahoria rallada
- Una cucharada de aceite de oliva
- 1/2 taza de pan rallado
- ¼ de cucharada de orégano seco
- ½ calabaza de verano amarilla y rallada
- ½ huevo batido
- 1½ onzas de queso crema
- Una pizca de sal y pimienta negra

Direcciones:

1. Combine el queso crema, la sal, la pimienta, el orégano, el huevo, el pan rallado, la zanahoria y la calabaza en un tazón y revuelva bien.
2. Formar hamburguesas medianas con la mezcla y pincelarlas con el aceite.
3. Cocine las hamburguesas de calabaza en su freidora de aire durante 7 minutos a 400 grados F.
4. Plato fuera para el almuerzo.

Nutrición: Calorías 200, grasas 3, fibra 6, carbohidratos 7, proteínas5.

35. Camarones fritos

Tiempo de preparación: 8 minutos
Tiempo de cocción: 7 minutos
Raciones: 2
Ingredientes:

- 1½ cebollas verdes picadas
- Una cucharada de zumo de limón
- ¼ de cucharada de albahaca seca
- 1/2 libra de camarones cocidos, pelados y picados

- Una taza de pan rallado
- ½ huevo batido
- Sal y pimienta negra al gusto

Direcciones:

1. Mezclar la mitad del pan rallado, el huevo y el zumo de limón en un bol y remover bien.
2. Incorpore las cebollas verdes, la albahaca, la sal y la pimienta, así como las gambas.
3. Mezclar el resto del pan rallado con el aceite en un bol aparte y mezclar bien.
4. Forme bolas redondas con la mezcla de gambas, páselas por el pan rallado y cocínelas durante 7 minutos a 400 grados F en una freidora precalentada.
5. Para el almuerzo, sírvalos con una salsa.

Nutrición: Calorías 140, grasas 3, fibra 5, carbohidratos 7, proteínas 3.

36. Patatas al horno

Tiempo de preparación: 8 minutos
Tiempo de cocción: 25/30 minutos
Porción: 2

Ingredientes:

- ½ cucharada de eneldo picado
- Cuatro tomates cherry disecados
- ½ bulbo de hinojo cortado en rodajas finas
- Una cucharada de aceite de oliva
- Dos patatas cortadas en rodajas finas
- Sal y pimienta negra al gusto

Direcciones

1. Precaliente la freidora de aire a unos 365 grados F y vierta el aceite.
2. Añada las rodajas de patata, el hinojo, el eneldo, los tomates, la sal y la pimienta, y cocine durante 25 minutos, tapado.
3. Servir la mezcla de patatas en platos individuales.

Nutrición: Calorías 238, grasas 3, fibra 3, carbohidratos 6, proteínas 10.

37. **Berenjena a la parmesana**

Tiempo de preparación: 30 minutos
Tiempo de cocción: 30/45 minutos
Porción: 2

Ingredientes:

- ½ taza de mayonesa de aguacate
- Cuatro rebanadas de pan vegano
- ½ cucharada de cebolla en polvo
- ¾ de taza de salsa de tomate
- Un puñado de albahaca picada
- ½ cucharada de ajo en polvo
- ½ taza de pan rallado vegano
- Una berenjena en rodajas
- Dos cucharadas de leche de almendras
- Dos cucharadas de perejil seco
- ½ cucharada de condimento italiano
- Spray de cocina
- Sal y pimienta negra al gusto

Direcciones:

1. Salpimentar las rodajas de berenjena, dejarlas reposar durante 30 minutos y secarlas bien.
2. Combine el perejil, el pan rallado, las especias italianas, la pimienta negra, la cebolla, el ajo en polvo, la sal y el conjunto en un recipiente y bata.
3. En un recipiente aparte, debe combinar la leche y la mayonesa vegana, removiendo bien.
4. Unte las rodajas de berenjena con la mezcla de mayonesa, luego páselas por la mezcla de pan rallado, póngalas en la bandeja para hornear en forma alineada, luego rocíe con aceite. Coloque la bandeja para hornear en la cesta de su freidora de aire, y cocine durante 15 minutos a 400 grados F, volteando a mitad de camino.
5. Unte una rebanada de pan con aceite de oliva y coloque dos en una superficie de trabajo.
6. Cubra con las rodajas de berenjena horneadas, la salsa de tomate y la albahaca, y el resto del pan.
7. Servir para el almuerzo dividiendo entre los platos.

Nutrición: Calorías 322, grasas 14, fibra 5, carbohidratos 18, proteínas 10.

38. Ensalada de verduras

Tiempo de preparación: 10 minutos
Tiempo de cocción: 15/16 minutos
Porciones: 3
Ingredientes:

- Una cucharada de albahaca picada
- ½ cucharada de condimento italiano
- ½ rodaja de calabacín
- Dos onzas de champiñones marrones cortados por la mitad
- ½ taza de aceitunas kalamata cortadas por la mitad
- ½ cebolla roja picada
- ½ calabaza amarilla picada
- 1½ cucharada de vinagre balsámico
- ¼ de taza de tomates cherry cortados por la mitad
- ½ pimiento naranja, cortado en trozos medianos
- ¼ de taza de aceite de oliva
- ½ pimiento verde, cortado en trozos más pequeños
- Sal y pimienta negra al gusto

Direcciones:

1. Mezcle todos los pimientos, la calabaza, las cebollas, los champiñones, la sal, el calabacín, el aceite de oliva, la pimienta y el condimento italiano en un bol para cubrirlos, y luego páselos a una freidora de aire y cocínelos durante 15 minutos a 380 grados F, agitándolos a mitad de camino.
2. Mezcle las verduras con las aceitunas, los tomates, la sal, la pimienta, el vinagre y el aceite restante en una taza, tápela y póngala a enfriar en la nevera hasta que esté lista para servir.
3. Servir con albahaca por encima, repartida en los platos.

Nutrición: Calorías 258, grasas 6, fibra 3, carbohidratos 12, proteínas 14.

39. Pan de garbanzos Slide

Tiempo de preparación: 10 minutos

Tiempo de cocción: 18/20 minutos

Servir:

Ingredientes:

- Cuatro chips de pepinillos al eneldo
- Dos cucharadas de salsa de tomate
- Una cucharada de mostaza
- 1½ cucharadas de cebolla picada
- Seis onzas de garbanzos enlatados escurridos y triturados
- Sal y pimienta negra al gusto

Direcciones:

1. Combine los garbanzos, la sal, la pimienta, la salsa de tomate, la cebolla y la mostaza en un recipiente y revuelva bien.
2. Extienda la mezcla en cuatro trozos, aplástelos y cubra cada uno con trozos de pepinillo. Ponga las hamburguesas cortadas en la cesta de la freidora de aire y cocine durante 20 minutos a 370 grados F, dándoles la vuelta después de 10 minutos.
3. Sirve las hamburguesas en panecillos veganos, divididos.

Nutrición: Calorías 250, grasas 4, fibra 8, carbohidratos 10, proteínas 5.

40. Potaje de patatas

Tiempo de preparación: 10 minutos

Tiempo de cocción: 25 minutos

Raciones: 2

Ingredientes:

- Tres patatas picadas
- ½ cucharada de perejil picado
- Un puñado de tomillo picado
- ¼ de cucharada de pimentón ahumado
- ½ litro de caldo de verduras
- Una zanahoria picada
- Sal y pimienta negra al gusto

Direcciones:

1. Combine las zanahorias, las patatas, el caldo, la sal, la pimienta, el pimentón, el perejil y el tomillo en su freidora de aire, revuelva y cocine durante unos 25 minutos a 375 grados F.
2. Servir inmediatamente después de dividir en cuencos.

Nutrición: Calorías 202, grasa 4, fibra 2, carbohidratos 18, proteínas 12.

41.   Mezcla de verduras

Tiempo de preparación: 8 minutos
Tiempo de cocción: 18/20 minutos
Raciones: 2
Ingredientes:

- Tres cucharadas de aceite de oliva
- Una cucharada de ajo picado
- ½ zanahoria picada
- ½ cucharada de mostaza
- Una cucharada de estevia
- ½ pimiento verde, cortado en tiras
- Una cucharada de estevia
- ½ cucharada de perejil picado
- Un puñado de tomates cherry cortados por la mitad
- ½ calabacín picado
- ½ chirivía picada
- Sal y pimienta negra al gusto

Direcciones:

1. Combine el calabacín, el pimiento, un poco de aceite, la chirivía, los tomates, la zanahoria, la sal y la pimienta en su freidora de aire, y cocine durante 15 minutos a 360 grados F.
2. Bata el aceite restante, la sal, la pimienta, la stevia, la mostaza, el perejil y el ajo en una taza.
3. Viértalo sobre las verduras, luego revuélvalas para cubrirlas y cocínelas durante 5 minutos más a 375 grados F.
4. Servir dividiendo entre los platos.

Nutrición: Calorías 232, grasas 3, fibra 5, carbohidratos 13, proteínas 8.

42.   Champiñones con especias

Tiempo de preparación: 8 minutos
Tiempo de cocción: 14 minutos
Raciones: 2

Ingredientes:

- Una cucharada de eneldo picado
- Un chorrito de aceite de oliva
- ½ cucharada de queso de anacardo rallado
- Seis ostras de setas sin tallo
- Una cucharada de mezcla de orégano y albahaca seca
- Sal y pimienta negra al gusto Instrucciones:

Dirección:

1. Sazone los champiñones con sal, pimienta y una mezcla de hierbas, rocíelos con aceite y cocínelos durante 7 minutos a 360 grados F en la freidora.
2. Cocine durante otros 7 minutos después de añadir el queso de anacardo y el eneldo.
3. Servir dividiendo la mezcla entre los platos.

Nutrición: Calorías 215, grasas 8, fibra 3, carbohidratos 10, proteínas 5.

43. Cuajada de judías con maíz

Tiempo de preparación: 8 minutos
Tiempo de cocción: 10/15 minutos
Raciones: 2

Ingredientes:

- ¼ de taza de tofu blando desmenuzado
- Zumo extraído de 1 lima
- Una cucharada de pimentón ahumado
- Dos tazas de maíz
- ½ cucharada de aceite de oliva
- Sal y pimienta negra al gusto

Direcciones:

1. Mezcle el maíz con el aceite, la sal, la pimienta, el zumo de lima y el pimentón en su freidora de aire, agítelo bien, tápelo y cocínelo a 400F durante 16 minutos.
2. Dividir en tazones, cubrir con las migas de tofu y servir inmediatamente.

Nutrición: Calorías 158, grasas 3, fibra 3, carbohidratos 10, proteínas 5.

44. <u>Quinoa con Cilantro y Lima</u>

Tiempo de preparación: 15 minutos
Tiempo de cocción: 25 minutos
Porciones: 6

Ingredientes:
- 1 taza de quinoa sin cocer
- 1 cucharada de aceite de oliva
- 1 cebolla amarilla mediana, cortada en dados
- 2 dientes de ajo picado
- 1 lata (4 onzas) de guindas verdes picadas, escurridas
- 1 ½ tazas de caldo de pollo sin grasa
- ¾ de taza de cilantro fresco picado
- ½ taza de cebolla verde cortada
- 2 cucharadas de zumo de lima
- Sal y pimienta

Direcciones:
1. Enjuagar bien la quinoa en agua fría con un colador de malla fina.
2. Calentar el aceite en una cacerola grande a fuego medio.
3. Añada la cebolla y saltee durante 2 minutos, luego incorpore el chile y el ajo.
4. Cocine durante 1 minuto y luego agregue la quinua y el caldo de pollo.
5. Llevar a ebullición y luego reducir el fuego y cocer a fuego lento, tapado, hasta que la quinoa absorba el líquido, entre 20 y 25 minutos.
6. Retire del fuego y añada el cilantro, las cebollas verdes y el zumo de lima.
7. Salpimentar al gusto y servir caliente.

Nutrición: Calorías 150Grasas totales 4,8gGrasas saturadas 0,7gCarbohidratos totales 8,5gCarbohidratos netos 4,6g Proteínas 2,1g Azúcar 1,7g Fibra 3,9g Sodio 179mg

45.   Patatas a las hierbas provenzales con queso

Tiempo de preparación: 15 minutos
Tiempo de cocción: 20 minutos
Porciones: 4

Ingredientes:

- 1kg de patatas
- Hierbas provenzales
- Aceite de oliva virgen extra
- Sal
- Queso rallado

Direcciones:

1. Pelar las patatas y cortar la sal de caña y espolvorear con hierbas provenzales.
2. Poner en la cesta y añadir unos hilos de aceite de oliva virgen extra.
3. Tome la freidora de aire y seleccione 1800C, 20 minutos.
4. Sacar y pasar a un plato grande.
5. Cubrir el queso.
6. Gratinar en el microondas o en el horno, unos minutos hasta que el queso se derrita.

Nutrición: Calorías: 437 Grasas: 0,6g Hidratos de carbono: 24.19g Proteínas: 1g Azúcar: 5.g Colesterol: 0mg

46.   Albóndigas rellenas de queso

Tiempo de preparación: 15 minutos
Tiempo de cocción: 13 minutos
Porciones: 4

Ingredientes:

- 1/3 de taza de pan rallado
- 3 cucharadas de leche
- 1 cucharada de ketchup
- 1 huevo
- ½ cucharadita de mejorana seca
- Pizca de sal
- Pimienta negra recién molida
- 1 libra de carne molida 95 por ciento magra

- 20 cubos de ½ pulgada de queso
- Aceite de oliva para nebulizar

Direcciones:

1. En un bol grande, combine el pan rallado, la leche, el ketchup, el huevo, la mejorana, la sal y la pimienta, y mezcle bien. Añada la carne picada y mézclela suavemente pero a fondo con las manos.. Formar la mezcla en 20 albóndigas.
2. Dar forma a cada albóndiga alrededor de un cubo de queso. Rocía las albóndigas con aceite de oliva y ponlas en la cesta de la freidora de aire
3. Hornee de 10 a 13 minutos o hasta que las albóndigas registren 165°F en un termómetro de carne.

Nutrición: Calorías: 393;Grasa total: 17g; Grasa saturada: 8g; Colesterol: 166mg; Sodio: 499mg; Carbohidratos: 10g; Fibra: 0g; Proteínas: 50g

47. <u>Verduras glaseadas</u>

Tiempo de preparación: 15 minutos
Tiempo de cocción: 20 minutos
Porciones: 4

Ingredientes:

- 2 onzas de tomates cherry
- 1 chirivía grande, pelada y picada
- 1 zanahoria grande, pelada y picada
- 1 calabacín grande, picado
- 1 pimiento verde, sin semillas y picado
- 6 cucharadas de aceite de oliva, divididas
- 3 cucharadas de miel
- 1 cucharadita de mostaza de Dijon
- 1 cucharadita de hierbas secas mezcladas
- 1 cucharadita de pasta de ajo
- Sal y pimienta negra, al gusto

Direcciones:

1. Precaliente la freidora a 350F y engrase una sartén para freír.
2. Coloque los tomates cherry, la chirivía, la zanahoria, el calabacín y el pimiento en la sartén de la freidora y rocíe con 3 cucharadas de aceite de oliva.

3. Cocer durante unos 15 minutos y sacar de la freidora.
4. Mezcle el aceite de oliva restante, la miel, la mostaza, las hierbas, el ajo, la sal y la pimienta negra en un bol.
5. Ponga esta mezcla sobre las verduras en la sartén de la freidora de aire y ponga la freidora de aire a 390F.
6. Cocer durante unos 5 minutos y emplatar para servir caliente.

Nutrición: Calorías: 288 Grasa: 21,4g Carbohidratos: 26,7g Azúcar: 18,7g Proteínas: 2,1g Sodio: 79mg

48. Brócoli con coliflor

Tiempo de preparación: 15 minutos
Tiempo de cocción: 20 minutos
Porciones: 4

Ingredientes:

- 1½ tazas de brócoli, cortado en trozos de 1 pulgada
- 1½ tazas de coliflor, cortada en trozos de 1 pulgada
- 1 cucharada de aceite de oliva
- Sal, según sea necesario

Direcciones:

1. Precaliente la freidora a 375F y engrase la cesta de la freidora.
2. Mezclar las verduras, el aceite de oliva y la sal en un bol y remover para cubrirlas bien.
3. Coloque la mezcla de verduras en la cesta de la freidora y cocínela durante unos 20 minutos, removiéndola una vez entre medias.
4. Poner en un bol y servir caliente.

Nutrición: Calorías: 51 Grasas: 3,7g Carbohidratos: 4,3g Azúcar: 1,5g Proteínas: 1,7g Sodio: 61mg

49. Patatas fritas al estilo cajún

Tiempo de preparación: 20 minutos
Tiempo de cocción: 28 minutos
Porciones: 4

Ingredientes:

- 2 patatas rojas, peladas y cortadas en tiras de 76 x 25 mm
- 1 litro de agua fría
- 15 ml de aceite

- 7g de condimento cajún
- 1g de pimienta de cayena
- Salsa de tomate o salsa ranchera, para servir

Direcciones:

1. Cortar las patatas en tiras de 76 x 25 mm y ponerlas en remojo durante 15 minutos.
2. Escurrir las patatas, enjuagarlas con agua fría y seca con toallas de papel.
3. Precalentar la freidora de aire, ponerla a 195°C.
4. Añade el aceite y las especias a las patatas, hasta que estén completamente cubiertas.
5. Añada las patatas a la freidora de aire precalentada y programe el temporizador a 28 minutos.
6. Asegúrese de agitar las cestas a mitad de la cocción
7. Retire las cestas de la freidora de aire cuando haya terminado de cocinar y sazone las patatas fritas con sal y pimienta.
8. Servir con salsa de tomate o salsa ranchera.

Nutrición: Calorías: 158 Cal Carbohidratos: 2 g Grasa: 11 g Proteína: 4 g Fibra: 0 g

50. Mitades de aguacate rellenas de ceviche

Tiempo de preparación: 20 minutos
Tiempo de cocción: 0 minutos
Porciones: 6

Ingredientes:

- 2 limones, exprimidos
- 2 limas, exprimidas
- 3 ó 4 gotas de extracto de stevia líquida
- 6 onzas de camarones cocidos, picados
- ¼ de taza de pepino sin semillas cortado en dados
- ¼ de taza de tomate picado
- 1 jalapeño, sin semillas y picado (opcional)
- 2 cucharadas de cilantro fresco picado
- 1 cucharada de aceite de oliva
- Sal
- 3 aguacates medianos

Direcciones:

1. Bata el zumo de limón, el zumo de lima y la stevia líquida en un bol mediano.
2. Añade las gambas y tápalas para que se enfríen durante 20 minutos.
3. Escurre las gambas y mézclalas con el pepino, el tomate, el jalapeño y el cilantro.
4. Rocíe con aceite de oliva y luego sazone con sal y mezcle bien para combinar.
5. Cortar los aguacates por la mitad y quitarles el hueso.
6. Poner ¼ de taza de la mezcla de camarones en cada mitad para servir.

Nutrición: Calorías 270, Grasas totales 22,6g, Grasas saturadas 4,7g, Carbohidratos totales 11,2g, Carbohidratos netos 4,1g,Proteínas 8,7g,Azúcar 1,4g, Fibra 7,1g, Sodio 106mg

51. Jugosos bocados de bistec

Tiempo de preparación: 10 minutos
Tiempo de cocción: 9 minutos
Porciones: 4
Ingredientes:
- 1 libra de solomillo, cortado en trozos del tamaño de un bocado
- 1 cucharada de condimento para filetes
- 1 cucharada de aceite de oliva
- Pimienta
- Sal

Direcciones:
1. Precaliente el horno de la freidora a 390 F.
2. Añada los trozos de carne en el bol grande para mezclar. Añade el condimento para bistec, el aceite, la pimienta y la sal sobre los trozos de bistec y remueve hasta que estén bien cubiertos.
3. Ponga los trozos de carne en la sartén de la freidora y fríalos durante 5 minutos
4. Gire los trozos de filete hacia el otro lado y cocine durante 4 minutos más.
5. Servir y disfrutar.

Nutrición: Calorías:: 241 Grasas:: 10,6 g Carbohidratos:: 0 g Proteínas:34,4 g

52. Lomo de cerdo glaseado

Tiempo de preparación: 15 minutos
Tiempo de cocción: 20 minutos
Porciones: 3

Ingredientes:

- Lomo de cerdo de 1 libra
- 2 cucharadas de Sriracha
- 2 cucharadas de miel
- Sal, según sea necesario

Direcciones:

1. Introduzca la varilla del asador a través del lomo de cerdo.
2. Inserte los tenedores del asador, uno a cada lado de la barra para asegurar el lomo de cerdo.
3. En un bol pequeño, añada la Sriracha, la miel y la sal y mezcle bien.
4. Unte el solomillo de cerdo con la mezcla de miel de manera uniforme.
5. Coloque la bandeja de goteo en el fondo de la cámara de cocción del Horno Air Fryer.
6. Seleccione "Air Fry" y luego ajuste la temperatura a 350 grados F.
7. Ajuste el temporizador para 20 minutos y pulse el botón "Start".
8. Cuando la pantalla muestre "Add Food" presione la palanca roja hacia abajo y cargue el lado izquierdo de la barra en el horno de la freidora de aire.
9. Ahora, desliza el lado izquierdo de la varilla en la ranura a lo largo de la barra metálica para que no se mueva.
10. A continuación, cierra la puerta y toca "Girar".
11. Presione la palanca roja para soltar la varilla cuando el tiempo de cocción haya terminado.
12. Saque el cerdo del horno de la freidora y colóquelo en una bandeja durante unos 10 minutos antes de cortarlo.
13. Con un cuchillo afilado, cortar el asado en rodajas del tamaño deseado y servir.

Nutrición: Calorías:: 269 Grasas:: 5,3 g Carbohidratos: 13,5 g Proteínas: 39,7 g

53. Albóndigas dulces y picantes

Tiempo de preparación: 20 minutos
Tiempo de cocción: 30 minutos
Porciones: 8
Ingredientes:
Para las albóndigas:

- 2 libras de carne molida magra
- 2/3 de taza de avena de cocción rápida
- ½ taza de galletas Ritz, trituradas
- 1 lata (5 onzas) de leche evaporada
- 2 huevos grandes, batidos ligeramente
- 1 cucharadita de miel
- 1 cucharada de cebolla seca picada
- 1 cucharadita de ajo en polvo
- 1 cucharadita de comino molido
- Sal y pimienta negra molida, según sea necesario

Para la salsa:

- 1/3 de taza de mermelada de naranja
- 1/3 de taza de miel
- 1/3 de taza de azúcar moreno
- 2 cucharadas de maicena
- 2 cucharadas de salsa de soja
- 1-2 cucharadas de salsa picante
- 1 cucharada de salsa Worcestershire

Direcciones:

1. Para las albóndigas: en un bol grande, añadir todos los ingredientes y mezclar hasta que estén bien combinados.
2. Hacer bolas de 1½ pulgadas con la mezcla.
3. Colocar la mitad de las albóndigas en una bandeja de cocción en una sola capa.
4. Coloque la bandeja de goteo en el fondo de la cámara de cocción del Horno Air Fryer.
5. Seleccione "Air Fry" y luego ajuste la temperatura a 380 grados F.
6. Ajuste el temporizador para 15 minutos y pulse el botón "Start".

7. Cuando la pantalla muestre "Add Food" introduzca la bandeja de cocción en la posición central.

8. Cuando la pantalla muestre "Turn Food" gire las albóndigas.

9. Una vez finalizado el tiempo de cocción, retire la bandeja del horno de la freidora de aire.

10. Repetir con el resto de las albóndigas.

11. Mientras tanto, para la salsa: En una sartén pequeña, añadir todos los ingredientes a fuego medio y cocinar hasta que espese, removiendo continuamente.

12. Servir las albóndigas con la cobertura de la salsa.

Nutrición: Calorías: 411 Grasas: 11,1 g Carbohidratos: 38,8 g Proteínas: 38,9 g

54. Lomo de cerdo sazonado

Tiempo de preparación: 10 minutos
Tiempo de cocción: 45 minutos
Porciones: 5

Ingredientes:

- 1½ libras de lomo de cerdo
- 2-3 cucharadas de condimento de cerdo para barbacoa

Direcciones:

1. Frote la carne de cerdo con el condimento generosamente. Introduzca la varilla del asador a través del lomo de cerdo.
2. Inserte los tenedores del asador, uno a cada lado de la barra para asegurar el lomo de cerdo.
3. Coloque la bandeja de goteo en el fondo de la cámara de cocción del Horno Air Fryer.
4. Seleccione "Asado" y luego ajuste la temperatura a 360 grados F.
5. Ajuste el temporizador a 45 minutos y pulse el botón "Start".
6. Cuando la pantalla muestre "Add Food" presione la palanca roja hacia abajo y cargue el lado izquierdo de la barra en el horno de la freidora de aire.
7. Ahora, desliza el lado izquierdo de la varilla en la ranura a lo largo de la barra metálica para que no se mueva.
8. A continuación, cierra la puerta y toca "Girar".
9. Presione la palanca roja para soltar la varilla cuando el tiempo de cocción haya terminado.
10. Saque el cerdo del horno de la freidora y colóquelo en una bandeja durante unos 10 minutos antes de cortarlo.
11. Con un cuchillo afilado, cortar el asado en rodajas del tamaño deseado y servir.

Nutrición: Calorías: 195 Grasas: 4,8 g Carbohidratos: 0 g Proteínas: 35,6 g

55. Risotto de tomate y maíz

Tiempo de preparación: 10 minutos
Tiempo de cocción: 13 minutos
Porciones: 4
Ingredientes:

- 1 1/2 tazas de arroz arborio
- 1 taza de tomates cherry cortados por la mitad
- 1/4 de taza de albahaca picada
- 1/4 de taza de queso parmesano rallado
- 1/4 de taza de mitad y mitad
- 32 oz de caldo de verduras
- 1 taza de maíz dulce
- 3 dientes de ajo picados
- 1/2 taza de cebolla picada
- 2 cucharadas de aceite de oliva
- 4 cucharadas de mantequilla
- 1 cucharadita de sal

Direcciones:

1. Añade la mantequilla en la olla instantánea y pon la olla en modo saltear.
2. Añadir el ajo y la cebolla y rehogar durante 5 minutos.
3. Añada el arroz y cocínelo durante 2-3 minutos.
4. Añadir el caldo, el maíz, la pimienta y la sal y remover bien.
5. Sellar la olla con la tapa y cocinar a alta presión durante 6 minutos.
6. Una vez hecho esto, libere la presión utilizando el método de liberación rápida y luego abra la tapa.
7. Incorpore los tomates cherry, la albahaca, el parmesano y la mitad y mitad.
8. Servir y disfrutar.

Nutrición: Calorías: 548 Grasas: 24 g Carbohidratos: 69,6 g Azúcar 3,8 g Proteínas: 14,1 g

56. Solomillo de cerdo a la mostaza y miel

Tiempo de preparación: 10 minutos
Tiempo de cocción: 26 minutos

Porciones: 4

Ingredientes:

- 1 libra de lomo de cerdo
- 1 cucharadita de salsa sriracha
- 1 cucharada de ajo picado
- 2 cucharadas de salsa de soja
- 1 ½ cucharadas de miel
- ¾ de cucharada de mostaza de Dijon
- 1 cucharada de mostaza

Direcciones:

1. Añade la salsa sriracha, el ajo, la salsa de soja, la miel, la mostaza de Dijon y la mostaza en la bolsa grande con cierre y mezcla bien.
2. Añadir el lomo de cerdo en la bolsa. Selle la bolsa y colóquela en el refrigerador durante toda la noche. Precaliente el horno de la freidora de aire a 380 F. Rocíe la bandeja de la freidora de aire con aceite en aerosol y luego coloque el lomo de cerdo marinado en la bandeja y fríalo al aire durante 26 minutos Gire el lomo de cerdo cada 5 minutos. Cortar en rodajas y servir.

Nutrición: Calorías: 195 Grasas: 4,1 g Carbohidratos: 8 g Proteínas: 30,5 g

57. Costillas de cerdo a la barbacoa

Tiempo de preparación: 10 minutos
Tiempo de cocción: 12 minutos
Porciones: 6

Ingredientes:

- 1 trozo de costilla de cerdo cortada en trozos
- ½ taza de salsa BBQ
- ½ cucharadita de pimentón
- Sal

Direcciones:

1. Poner las costillas de cerdo en un bol para mezclar. Añada la salsa BBQ, el pimentón y la sal sobre las costillas de cerdo y cúbralas bien, y déjelas reposar durante 30 minutos

2. Precaliente el horno de la freidora a 350 F. Coloque las costillas de cerdo marinadas en la bandeja del horno de la freidora y cocínelas durante 10-12 minutos.
3. Servir y disfrutar.

Nutrición: Calorías: 145 Grasas: 7 g Carbohidratos: 10 g Proteínas: 9 g

58. Jerky de carne clásico

Tiempo de preparación: 10 minutos
Tiempo de cocción: 4 horas
Porciones: 4

Ingredientes:

- 2 lbs. London broil, cortado en rodajas finas
- 1 cucharadita de cebolla en polvo
- 3 cucharadas de azúcar moreno
- 3 cucharadas de salsa de soja
- 1 cucharadita de aceite de oliva
- 3/4 de cucharadita de ajo en polvo

Direcciones:

1. Añade todos los ingredientes excepto la carne en la bolsa grande con cierre.
2. Mezclar hasta que esté bien combinado. Añadir la carne a la bolsa.
3. Sellar la bolsa y masajear suavemente para cubrir la carne con la marinada.
4. Dejar marinar la carne durante 1 hora.
5. Coloque las rodajas de carne marinadas en una bandeja de la freidora de aire y deshidrátelas a 160 F durante 4 horas.

Nutrición: Calorías: 133 Grasas: 4,7 g Carbohidratos: 9,4 g Proteínas: 13,4 g

59. Bistec de costilla con mantequilla de hierbas

Tiempo de preparación: 10 minutos
Tiempo de cocción: 14 minutos
Porciones: 4

Ingredientes:

- 2 libras de bistec de costilla, con hueso
- 1 cucharadita de romero fresco picado

- 1 cucharadita de tomillo fresco picado
- 1 cucharadita de cebollino fresco picado
- 2 cucharaditas de perejil fresco picado
- 1 cucharadita de ajo picado
- ¼ de taza de mantequilla ablandada
- Pimienta
- Sal

Direcciones:

1. En un tazón pequeño, combine la mantequilla y las hierbas.
2. Frote la mantequilla de hierbas en el bistec de costilla y colóquelo en el refrigerador durante 30 minutos
3. Coloque el filete marinado en la bandeja del horno de la freidora de aire y cocínelo a 400 F durante 12-14 minutos
4. Servir y disfrutar.

Nutrición: Calorías: 416 Grasas: 36,7 g Carbohidratos: 0,7 g Proteínas: 20,3 g

60.   Lomo de cerdo al estilo rural

Tiempo de preparación: 15 minutos
Tiempo de cocción: 25 minutos
Porciones: 3

Ingredientes:

- Lomo de cerdo de 1 libra
- 1 cucharada de ajo picado
- 2 cucharadas de salsa de soja
- 2 cucharadas de miel
- 1 cucharada de mostaza de Dijon
- 1 cucharada de mostaza en grano
- 1 cucharadita de salsa Sriracha

Direcciones:

1. En un recipiente grande, añada todos los ingredientes excepto la carne de cerdo y mezcle bien.
2. Añadir el lomo de cerdo y cubrir con la mezcla generosamente.
3. Refrigerar para marinar durante 2-3 horas.
4. Sacar el lomo de cerdo del bol, reservando la marinada.
5. Colocar el solomillo de cerdo en la bandeja de cocción ligeramente engrasada.

6. Coloque la bandeja de goteo en el fondo de la cámara de cocción del Horno Air Fryer.
7. Seleccione "Air Fry" y luego ajuste la temperatura a 380 grados F.
8. Ajuste el temporizador a 25 minutos y pulse el botón "Start".
9. Cuando la pantalla muestre "Add Food" introduzca la bandeja de cocción en la posición central.
10. Cuando la pantalla muestre "Turn Food" dé la vuelta a la carne de cerdo y a la avena con la marinada reservada.
11. Una vez finalizado el tiempo de cocción, retire la bandeja del horno de la freidora de aire y coloque el solomillo de cerdo en una bandeja durante unos 10 minutos antes de cortarlo.
12. Con un cuchillo afilado, cortar el solomillo de cerdo en rodajas del tamaño deseado y servir.

Nutrición: Calorías: 277 Grasas: 5,7 g Carbohidratos: 14,2 g Proteínas: 40,7 g

61. Desayuno Cobbler

Tiempo de preparación: 10 minutos
Tiempo de cocción: 15 minutos
Raciones: 2

Ingredientes:

- 2 cucharadas de semillas de girasol
- 1/4 de taza de nuez
- 1/4 de taza de coco rallado
- 1/2 cucharadita de canela
- 2 1/2 cucharadas de aceite de coco
- 2 cucharadas de miel
- 1 ciruela, cortada en dados
- 1 manzana, cortada en dados
- 1 pera, cortada en dados

Direcciones:

1. Añade las frutas, la canela, el aceite de coco y la miel en la olla instantánea y remueve bien.
2. Selle la olla con una tapa y seleccione el modo de vapor y programe el temporizador para 10 minutos.
3. Una vez hecho esto, libere la presión utilizando el método de liberación rápida y luego abra la tapa.

4. Transfiera la mezcla de frutas al recipiente para servir.
5. Añada las semillas de girasol, las nueces y el coco a la olla y cocine en modo salteado durante 5 minutos.
6. Vierta la mezcla de semillas de girasol, nueces y coco sobre la mezcla de frutas.
7. Servir y disfrutar.

Nutrición: Calorías: 426 Grasas: 27,2 g Carbohidratos: 50,9 g Azúcar 40,1 g Proteínas: 2,6 g

62. Chuletas de cordero al limón y al ajo

Tiempo de preparación: 10 minutos
Tiempo de cocción: 6 minutos
Porciones: 6
Ingredientes:

- 6 chuletas de lomo de cordero
- 2 cucharadas de zumo de limón fresco
- 1 ½ cucharadas de ralladura de limón
- 1 cucharada de romero seco
- 1 cucharada de aceite de oliva
- 1 cucharada de ajo picado
- Pimienta
- Sal

Direcciones:
1. Poner las chuletas de cordero en un bol para mezclar. Añadir el resto de los ingredientes sobre las chuletas de cordero y cubrirlas bien.
2. Coloque las chuletas de cordero en una bandeja de horno de la freidora de aire y fríalas a 400 F durante 3 minutos. Gire las chuletas de cordero hacia otro lado y fríalas durante 3 minutos más.
3. Servir y disfrutar.

Nutrición: Calorías: 69 Grasas: 6 g Carbohidratos: 1,2 g Proteínas: 3 g

63. Asado de ternera fácil

Tiempo de preparación: 10 minutos
Tiempo de cocción: 45 minutos
Porciones: 6

Ingredientes:

- 2 ½ lbs. de carne asada
- 2 cucharadas de condimento italiano

Direcciones:

1. Colocar el asado en el asador a pesar.
2. Frote el asado con el condimento italiano e introdúzcalo en el horno de la freidora.
3. Fría al aire a 350 F durante 45 minutos o hasta que la temperatura interna del asado alcance los 145 F.
4. Cortar y servir.

Nutrición: Calorías: 365 Grasas: 13,2 g Carbohidratos: 0,5 g Proteínas: 57,4 g

64. Solomillo de cerdo al ajo

Tiempo de preparación: 15 minutos
Tiempo de cocción: 20 minutos
Porciones: 5

Ingredientes:

- 1½ libras de lomo de cerdo
- Spray antiadherente para cocinar
- 2 cabezas pequeñas de ajo asado
- Sal y pimienta negra molida, según sea necesario

Direcciones:

1. Rocíe ligeramente todos los lados de la carne de cerdo con aceite en aerosol y luego, sazone con sal y pimienta negra.
2. Ahora, frote la carne de cerdo con el ajo asado. Coloque el asado en la bandeja de cocción ligeramente engrasada.
3. Coloque la bandeja de goteo en el fondo de la cámara de cocción del Horno Air Fryer.
4. Seleccione "Air Fry" y luego ajuste la temperatura a 400 grados F. Programe el temporizador para 20 minutos y pulse el "Start".
5. Cuando la pantalla muestre "Add Food" introduzca la bandeja de cocción en la posición central.
6. Cuando la pantalla muestre "Turn Food" gire el cerdo.
7. Una vez terminado el tiempo de cocción, retire la bandeja del horno de la freidora de aire y coloque el asado en una bandeja

durante unos 10 minutos antes de cortarlo. Con un cuchillo afilado, cortar el asado en rodajas del tamaño deseado y servir.

Nutrición: Calorías: 202 Grasas: 4,8 g Carbohidratos: 1,7 g Proteínas: 35,9 g

65. Chuletas de cordero al romero fáciles de preparar

Tiempo de preparación: 10 minutos
Tiempo de cocción: 6 minutos
Porciones: 4
Ingredientes:
- 4 chuletas de cordero
- 2 cucharadas de romero seco
- ¼ de taza de zumo de limón fresco
- Pimienta
- Sal

Direcciones:
1. En un bol pequeño, mezcle el zumo de limón, el romero, la pimienta y la sal. Unte las chuletas de cordero con la mezcla de limón y romero.
2. Coloque las chuletas de cordero en la bandeja de la freidora de aire y fríalas a 400 F durante 3 minutos. Gire las chuletas de cordero hacia el otro lado y cocine durante 3 minutos más. Sirva y disfrute.

Nutrición: Calorías: 267 Grasas: 21,7 g Carbohidratos: 1,4 g Proteínas: 16,9 g

66. Asado de ternera sazonado

Tiempo de preparación: 10 minutos
Tiempo de cocción: 45 minutos
Porciones: 10
Ingredientes:
- 3 libras de asado de ternera
- 1 cucharada de aceite de oliva
- 2 cucharadas de condimento Montreal para filetes

Direcciones:

1. Cubrir el asado con aceite y luego frotar con el condimento generosamente.
2. Con hilo de cocina, atar el asado para mantenerlo compacto. Coloque el asado en la bandeja de cocción.
3. Coloque la bandeja de goteo en el fondo de la cámara de cocción del Horno Air Fryer.
4. Seleccione "Air Fry" y luego ajuste la temperatura a 360 grados F. Programe el temporizador para 45 minutos y pulse el "Start".
5. Cuando la pantalla muestre "Add Food" introduzca la bandeja de cocción en la posición central.
6. Cuando la pantalla muestre "Turn Food" no haga nada.
7. Una vez terminado el tiempo de cocción, retire la bandeja del horno de la freidora de aire y coloque el asado en una bandeja durante unos 10 minutos antes de cortarlo. Con un cuchillo afilado, cortar el asado en rodajas del tamaño deseado y servir.

Nutrición: Calorías: 269 Grasas: 9,9 g Carbohidratos: 0 g Fibra: 0 g

67. Hamburguesas de ternera

Tiempo de preparación: 15 minutos
Tiempo de cocción: 18 minutos
Porciones: 4
Ingredientes:
Para las hamburguesas:
- 1 libra de carne molida
- ½ taza de pan rallado panko
- ¼ de taza de cebolla, picada finamente
- 3 cucharadas de mostaza de Dijon
- 3 cucharaditas de salsa de soja baja en sodio
- 2 cucharaditas de romero fresco, picado finamente
- Sal, al gusto

Para la cobertura:
- 2 cucharadas de mostaza de Dijon
- 1 cucharada de azúcar moreno
- 1 cucharadita de salsa de soja
- 4 rodajas de queso gruyere

Direcciones:

1. En un tazón grande, agregue todos los ingredientes y mezcle hasta que estén bien combinados.
2. Hacer 4 hamburguesas del mismo tamaño con la mezcla.
3. Disponer las hamburguesas en una bandeja de cocción.
4. Coloque la bandeja de goteo en el fondo de la cámara de cocción del Horno Air Fryer.
5. Seleccione "Air Fry" y luego ajuste la temperatura a 370 grados F.
6. Ajuste el temporizador para 15 minutos y pulse el botón "Start".
7. Cuando la pantalla muestre "Add Food" inserte la rejilla de cocción en la posición central.
8. Cuando la pantalla muestre "Turn Food" gire las hamburguesas.
9. Mientras tanto, para la salsa: En un bol pequeño, añadir la mostaza, el azúcar moreno y la salsa de soja y mezclar bien.
10. Cuando termine el tiempo de cocción, retire la bandeja del horno de la freidora Air y bañe las hamburguesas con la salsa.
11. Cubrir cada hamburguesa con 1 rebanada de queso.
12. Vuelva a colocar la bandeja en la cámara de cocción y seleccione "Asar".
13. Ajuste el temporizador durante 3 minutos y pulse el botón "Start".
14. Una vez terminado el tiempo de cocción, retire la bandeja del horno de la freidora de aire y sirva caliente.

Nutrición: Calorías: 402 Grasas: 18 g Carbohidratos: 6,3 g Proteínas: 44,4 g

68. Asado de solomillo de ternera sencillo

Tiempo de preparación: 10 minutos
Tiempo de cocción: 50 minutos
Porciones: 8

Ingredientes:

- 2½ libras de solomillo asado
- Sal y pimienta negra molida, según sea necesario

Direcciones:

1. Frote el asado con sal y pimienta negra generosamente.
2. Introduzca la varilla del asador a través del asado.

3. Inserte las horquillas del asador, una a cada lado de la varilla para asegurar la varilla al pollo.
4. Coloque la bandeja de goteo en el fondo de la cámara de cocción del Horno Air Fryer.
5. Seleccione "Asado" y luego ajuste la temperatura a 350 grados F.
6. Ajuste el temporizador a 50 minutos y pulse el botón "Start".
7. Cuando la pantalla muestre "Add Food" presione la palanca roja hacia abajo y cargue el lado izquierdo de la barra en el horno de la freidora de aire.
8. Ahora, desliza el lado izquierdo de la varilla en la ranura a lo largo de la barra metálica para que no se mueva. A continuación, cierre la puerta y toque "Girar". Presione la palanca roja para liberar la varilla cuando el tiempo de cocción haya terminado.
9. Retire del horno de la freidora de aire y coloque el asado en una bandeja durante unos 10 minutos antes de cortarlo. Con un cuchillo afilado, cortar el asado en rodajas del tamaño deseado y servir.

Nutrición: Calorías: 201 Grasas: 8,8 g Carbohidratos: 0 g Proteínas: 28,9 g

69. Bistec con Mantequilla de Queso

Tiempo de preparación: 10 minutos
Tiempo de cocción: 8 minutos
Raciones: 2

Ingredientes:
- 2 filetes de costilla
- 2 cucharaditas de ajo en polvo
- 2 1/2 cucharadas de mantequilla de queso azul
- 1 cucharadita de pimienta
- 2 cucharaditas de sal kosher

Direcciones:
1. Precaliente la freidora de aire a 400 F.
2. Mezclar el ajo en polvo, la pimienta y la sal y frotar sobre los filetes.
3. Rocíe la cesta de la freidora de aire con spray de cocina.

4. Coloque el filete en la cesta de la freidora y cocínelo durante 4-5 minutos por cada lado.
5. Cubrir con queso de mantequilla azul.
6. Servir y disfrutar.

Nutrición: Calorías: 830 Grasas: 60 g Carbohidratos: 3 g Azúcar 0 g Proteínas: 70g

70. Jugosas chuletas de cerdo

Tiempo de preparación: 10 minutos
Tiempo de cocción: 16 minutos
Porciones: 4
Ingredientes:
- 4 chuletas de cerdo deshuesadas
- 2 cucharaditas de aceite de oliva
- ½ cucharadita de semillas de apio
- ½ cucharadita de perejil
- ½ cucharadita de cebolla granulada
- ½ cucharadita de ajo granulado
- ¼ de cucharadita de azúcar
- ½ cucharadita de sal

Direcciones:
1. En un bol pequeño, mezcle el aceite, las semillas de apio, el perejil, la cebolla granulada, el ajo granulado, el azúcar y la sal.
2. Frote la mezcla de condimentos por todas las chuletas de cerdo.
3. Coloque las chuletas de cerdo en la bandeja del horno de la freidora de aire y cocine a 350 F durante 8 minutos
4. Gire las chuletas de cerdo hacia el otro lado y cocine durante 8 minutos más.
5. Servir y disfrutar.

Nutrición: Calorías: 279 Grasas: 22,3 g Carbohidratos: 0,6 g Proteínas: 18,1 g

71. Chuletas de cerdo a la barbacoa

Tiempo de preparación: 10 minutos
Tiempo de cocción: 7 minutos
Porciones: 4

Ingredientes:

- 4 chuletas de cerdo

Para frotar:

- ½ cucharadita de pimienta de Jamaica
- ½ cucharadita de mostaza seca
- 1 cucharadita de comino molido
- 1 cucharadita de ajo en polvo
- ½ cucharadita de chile en polvo
- ½ cucharadita de pimentón
- 1 cucharada de azúcar moreno
- 1 cucharadita de sal

Direcciones:

1. En un tazón pequeño, mezcle todos los ingredientes del aliño y frótelo por todas las chuletas de cerdo.
2. Coloque las chuletas de cerdo en una bandeja de la freidora de aire y fríalas a 400 F durante 5.
3. Gire las chuletas de cerdo hacia el otro lado y fríalas al aire durante 2 minutos más.
4. Servir y disfrutar.

Nutrición: Calorías: 273 Grasas: 20,2 g Carbohidratos: 3,4 g Proteínas: 18,4 g

72. Mezcla de gambas al azafrán

Tiempo de preparación: 10 minutos
Tiempo de cocción: 8 minutos
Raciones: 2

Ingredientes:

- 20 gambas peladas y desvenadas
- 2 cucharadas de mantequilla derretida
- Sal y pimienta negra al gusto
- ¼ de taza de perejil picado
- ½ cucharadita de azafrán en polvo
- Zumo de 1 limón
- 4 dientes de ajo picados

Direcciones:

1. En una sartén que se ajuste a su freidora de aire, mezcle las gambas con todos los demás ingredientes; mézclelos bien.
2. Coloque la sartén en la freidora y cocine a 380 grados F durante 8 minutos.
3. Repartir en los platos y servir caliente.

Nutrición: Calorías: 261 Grasas: 7g Fibra: 9g Carbohidratos: 16g Proteínas: 7g

73. Paleta de cerdo con especias

Tiempo de preparación: 15 minutos
Tiempo de cocción: 55 minutos
Porciones: 6
Ingredientes:
- 1 cucharadita de comino molido
- 1 cucharadita de pimienta de cayena
- 1 cucharadita de ajo en polvo
- Sal y pimienta negra molida, según sea necesario
- 2 libras de paleta de cerdo con piel

Direcciones:
1. En un tazón pequeño, mezcle las especias, la sal y la pimienta negra.
2. Colocar la paleta de cerdo en una tabla de cortar, con la piel hacia abajo.
3. Sazonar la cara interna de la paleta de cerdo con sal y pimienta negra.
4. Con hilo de cocina, atar la paleta de cerdo en forma de cilindro largo y redondo.
5. Sazonar la parte exterior de la paleta de cerdo con la mezcla de especias.
6. Introduzca la varilla del asador a través de la paleta de cerdo.
7. Introducir las horquillas del asador, una a cada lado de la barra para asegurar la paleta de cerdo.
8. Coloque la bandeja de goteo en el fondo de la cámara de cocción del Horno Air Fryer.
9. Seleccione "Asado" y luego ajuste la temperatura a 350 grados F.
10. Ajuste el temporizador a 55 minutos y pulse el botón "Start".

11. Cuando la pantalla muestre "Add Food" presione la palanca roja hacia abajo y cargue el lado izquierdo de la barra en el horno de la freidora de aire.
12. Ahora, desliza el lado izquierdo de la varilla en la ranura a lo largo de la barra metálica para que no se mueva.
13. A continuación, cierra la puerta y toca "Girar".
14. Presione la palanca roja para soltar la varilla cuando el tiempo de cocción haya terminado.
15. Saque el cerdo del horno de la freidora y colóquelo en una bandeja durante unos 10 minutos antes de cortarlo.
16. Con un cuchillo afilado, cortar la paleta de cerdo en rodajas del tamaño deseado y servir.

Nutrición: Calorías: 445 Grasas: 32,5 g Carbohidratos: 0,7 g Proteínas: 35,4 g

74. <u>Albóndigas crujientes</u>

Tiempo de preparación: 10 minutos
Tiempo de cocción: 12 minutos
Porciones: 8

Ingredientes:
- 1 libra de carne de cerdo molida
- 1 libra de carne picada
- 1 cucharada de salsa Worcestershire
- ½ taza de queso feta desmenuzado
- ½ taza de pan rallado
- 2 huevos ligeramente batidos
- ¼ de taza de perejil fresco picado
- 1 cucharada de ajo picado
- 1 cebolla picada
- ¼ de cucharadita de pimienta
- 1 cucharadita de sal

Direcciones:
1. Añada todos los ingredientes en el bol de la batidora y mézclelos hasta que estén bien combinados.
2. Rocíe la bandeja de la freidora de aire con spray para cocinar.
3. Haga pequeñas bolas con la mezcla de carne y colóquelas en una sartén y fríalas a 400 F durante 10-12 minutos

4. Servir y disfrutar.

Nutrición: Calorías: 263 Grasas: 9 g Carbohidratos: 7,5 g Proteínas: 35,9 g

75. Sabroso bistec

Tiempo de preparación: 10 minutos
Tiempo de cocción: 18 minutos
Porciones: 2
Ingredientes:
- 2 filetes, enjuagados y secados con palmaditas
- ½ cucharadita de ajo en polvo
- 1 cucharadita de aceite de oliva
- Pimienta
- Sal

Direcciones:
1. Frote los filetes con aceite de oliva y sazone con ajo en polvo, pimienta y sal.
2. Precaliente el horno de la freidora a 400 F.
3. Coloque los filetes en la bandeja del horno de la freidora de aire y fríalos durante 10-18 minutos dándoles la vuelta a la mitad.
4. Servir y disfrutar.

Nutrición: Calorías: 361 Grasas: 10,9 g Carbohidratos: 0,5 g Proteínas: 61,6 g

76. Carne de vaca curada y salada

Tiempo de preparación: 15 minutos
Tiempo de cocción: 3 horas
Porciones: 4
Ingredientes:
- 1½ libras de redondo de ternera, recortado
- ½ taza de salsa Worcestershire
- ½ taza de salsa de soja baja en sodio
- 2 cucharaditas de miel
- 1 cucharadita de humo líquido
- 2 cucharaditas de cebolla en polvo
- ½ cucharadita de copos de pimienta roja

- Pimienta negra molida, según sea necesario

Direcciones:

1. En una bolsa con cierre, coloque la carne y congele durante 1 ó 2 horas para que se endurezca.
2. Coloque la carne en una tabla de cortar y córtela a contrapelo en tiras de 1/8-¼ de pulgada.
3. En un tazón grande, agregue el resto de los ingredientes y mezcle hasta que estén bien combinados.
4. Añadir las rodajas de carne y cubrirlas con la mezcla generosamente.
5. Refrigerar para marinar durante unas 4-6 horas.
6. Sacar las rodajas de carne del bol y, con papel de cocina, secarlas a golpecitos.
7. Divida las tiras de filete en las bandejas de cocción y dispóngalas en una capa uniforme.
8. Seleccione "Deshidratar" y luego ajuste la temperatura a 160 grados F.
9. Ajuste el temporizador para 3 horas y pulse el botón "Start".
10. Cuando la pantalla muestre "Add Food" inserte 1 bandeja en la posición superior y otra en la posición central.
11. Después de 1½ horas, cambie la posición de las bandejas de cocción.
12. Mientras tanto, en una sartén pequeña, añada el resto de los ingredientes a fuego medio y cocine durante unos 10 minutos, removiendo de vez en cuando.
13. Una vez finalizado el tiempo de cocción, retire las bandejas del horno de la freidora de aire.

Nutrición: Calorías: 372 Grasas: 10,7 g Carbohidratos: 12 g Proteínas: 53,8 g

77. Empanadas sencillas de carne de vacuno

Tiempo de preparación: 10 minutos
Tiempo de cocción: 13 minutos
Porciones: 4

Ingredientes:

- 1 libra de carne picada
- ½ cucharadita de ajo en polvo
- ¼ cucharadita de cebolla en polvo

- Pimienta
- Sal

Direcciones:

1. Precaliente el horno de la freidora a 400 F.
2. Añada la carne picada, el ajo en polvo, la cebolla en polvo, la pimienta y la sal en el bol de la batidora y mézclelo todo bien.
3. Haga hamburguesas de forma uniforme con la mezcla de carne y colóquelas en la sartén de la freidora.
4. Coloque la sartén en el horno de la freidora de aire.
5. Cocinar las hamburguesas durante 10 minutos Dar la vuelta a las hamburguesas después de 5 minutos
6. Servir y disfrutar.

Nutrición: Calorías: 212 Grasas: 7,1 g Carbohidratos: 0,4 g Proteínas: 34,5 g

78. Rollos de huevo con verduras

Tiempo de preparación: 15 minutos
Tiempo de cocción: 10 minutos
Porciones: 8

Ingredientes:

- ½ taza de champiñones picados
- ½ taza de zanahorias ralladas
- ½ taza de calabacín picado
- 2 cebollas verdes picadas
- 1 cucharada de salsa de soja baja en sodio
- 1 envoltorio de rollo de huevo
- 1 cucharada de almidón de maíz
- 1 huevo batido

Direcciones:

1. Mezcle los champiñones, las zanahorias, el calabacín, las cebollas verdes y la salsa de soja, y remuévalos en un bol mediano.
2. Poner los envoltorios de los rollos de huevo en una superficie.
3. Colocar en cada una de ellas unas 3 cucharadas de la mezcla de verduras.
4. Combinar la maicena y el huevo en un bol pequeño.
5. Enrolle los envoltorios.

6. Poner un poco de la mezcla de huevos en el exterior de los rollitos para sellarlos.

7. Fría al aire libre de 8 a 10 minutos o hasta que los rollos de huevo estén dorados y crujientes.

Nutrición: Calorías: 112 Grasas: 1g Carbohidratos: 21g Fibra: 1g Proteínas: 4g

79.   Tostadas con verduras

Tiempo de preparación: 12 minutos
Tiempo de cocción: 11 minutos
Porciones: 4

Ingredientes:

- 1 pimiento rojo, cortado en tiras de ½ pulgada
- 1 taza de champiñones cremini o de botón en rodajas
- 1 calabaza amarilla pequeña, cortada en rodajas
- cebollas verdes, cortadas en cortes de ½ pulgada
- Aceite de oliva extra ligero
- a 6 trozos de pan de molde
- cucharadas de mantequilla ablandada
- ½ taza de queso de cabra blando

Direcciones:

1. Mezcle el pimiento rojo, los champiñones, la calabaza y las cebollas verdes en la freidora de aire y rocíe con aceite.

2. Cocer durante 15 minutos hasta que las verduras estén tiernas, agitando la cesta una vez durante la cocción.

3. Saque las verduras de la cesta y apártelas.

4. Poner el pan con mantequilla y colocarlo en la freidora de aire.

5. Calentar de 2 a 4 minutos o hasta que se dore.

6. Poner el queso de cabra sobre el pan tostado y cubrirlo con las verduras; servir caliente.

Nutrición: Calorías: 162 Grasas: 11g; Carbohidratos: 9g; Fibra: 2g; Proteínas: 7g

80.   Champiñones rellenos Jumbo

Tiempo de preparación: 10 minutos
Tiempo de cocción: 20 minutos
Porciones: 4

Ingredientes:

- 1 champiñón Portobello jumbo
- 1 cucharada de aceite de oliva
- ¼ de taza de queso ricotta
- 2 cucharadas de queso parmesano
- 2 tazas de espinacas picadas congeladas, ablandadas y escurridas
- 1 pan rallado
- ¼ de cucharadita de romero fresco picado

Direcciones:

1. Aplicar los hongos con un paño húmedo.
2. Quita los tallos y tíralos.
3. Con una cuchara, raspar ligeramente la mayor parte de las agallas.
4. Frote los champiñones con el aceite de oliva.
5. Colocar en la cesta de la freidora de aire, con el lado hueco hacia arriba, y hornear durante 3 minutos.
6. Saque con cuidado las tapas de los champiñones porque contendrán líquido. Escurra el líquido de las tapas.
7. Mezclar la ricotta, 3 cucharadas de queso parmesano, las espinacas, el pan rallado y el romero en un bol mediano.
8. Salpicar con las 3 cucharadas restantes de queso parmesano.
9. Vuelva a colocar los sombreros de los champiñones en la cesta.
10. Hornear de 5 a 10 minutos o hasta que el relleno esté caliente y los sombreros de los champiñones estén tiernos.

Nutrición: Calorías: 117 Grasas: 7g Carbohidratos: 8g Fibra: 1g Proteínas: 7g

POSTRES

81.   Rollos de canela

Tiempo de preparación: 2 horas
Tiempo de cocción: 10 minutos
Porciones: 8
Ingredientes:
- 1 libra de masa de pan
- ¾ de taza de azúcar moreno
- 1½ cucharadas de canela molida
- ¼ de taza de mantequilla derretida

Direcciones:
1. Enrollar la masa en una superficie de trabajo enharinada, dar forma de rectángulo y pincelar con la mantequilla.
2. En un bol, mezcle la canela y el azúcar, y espolvoréelo sobre la masa.
3. Enrolle la masa en un tronco, séllela, córtela en 8 trozos y deje que los panecillos suban durante 2 horas.
4. Coloque los panecillos en la cesta de su freidora de aire y cocínelos a 350 grados F durante 5 minutos por cada lado.
5. Servir caliente y disfrutar.

Información nutricional: calorías 200, grasa 11, fibra 2, carbohidratos 15, proteínas 4

82.   Tarta de calabaza sencilla con nuez moscada

Tiempo de preparación: 10 minutos
Tiempo de cocción: 35 minutos
Porciones: 8
Ingredientes:
- 1 corteza de pastel
- 3½ onzas de pulpa de calabaza picada
- 1 cucharadita de nuez moscada molida
- 3 onzas de agua
- 1 huevo batido

- 1 cucharada de azúcar

Direcciones:

1. Poner el agua en una olla y llevarla a ebullición a fuego medio-alto.
2. Añadir la calabaza, el huevo, el azúcar y la nuez moscada; remover y dejar hervir durante 20 minutos.
3. Retirar la mezcla del fuego y batirla con una batidora de inmersión.
4. Ponga la masa de la tarta en un molde forrado que se ajuste a su freidora de aire y extienda la mezcla de calabaza por todas partes.
5. Coloque la sartén en la freidora y cocine a 360 grados F durante 15 minutos.
6. Cortar y servir caliente.

Nutrición: calorías 212, grasa 5, fibra 2, carbohidratos 15, proteínas 7

83. Peras a la canela

Tiempo de preparación: 5 minutos
Tiempo de cocción: 15 minutos
Porciones: 4

Ingredientes:

- 2 peras cortadas por la mitad
- ½ cucharadita de canela en polvo
- 2 cucharadas de azúcar

Direcciones:

1. Ponga las peras en su freidora de aire, y espolvoree la canela y el azúcar por todas partes.
2. Cocine a 320 grados F durante 15 minutos.
3. Sirve estas peras calientes y disfrútalas.

Nutrición: calorías 210, grasas 2, fibra 1, carbohidratos 12, proteínas 3

84. Donas de mantequilla

Tiempo de preparación: 10 minutos
Tiempo de cocción: 15 minutos
Porciones: 4

Ingredientes:

- 8 onzas de harina

* 1 cucharada de azúcar moreno
* 1 cucharada de azúcar blanco
* 1 huevo
* 2½ cucharadas de mantequilla
* 4 onzas de leche entera
* 1 cucharadita de polvo de hornear

Direcciones:

1. Ponga todos los ingredientes en un bol y mézclelos bien.
2. Forme donuts con esta mezcla y colóquelos en la cesta de su freidora de aire.
3. Cocinar a 360 grados F durante 15 minutos.
4. Coloca los donuts en una bandeja y sírvelos calientes.

Nutrición: calorías 190, grasa 8, fibra 1, carbohidratos 14, proteínas 3

85. Manzanas a la canela

Tiempo de preparación: 5 minutos
Tiempo de cocción: 15 minutos
Porciones: 4

Ingredientes:

* 3 cucharadas de mantequilla derretida
* 4 manzanas, peladas, sin corazón y cortadas en gajos
* 3 cucharadas de azúcar con canela

Direcciones:

1. En una sartén que se adapte a su freidora de aire, mezcle las manzanas con el azúcar y la mantequilla; mézclelas.
2. Coloque la sartén en la freidora y cocine a 370 grados F durante 15 minutos.
3. Servir caliente.

Nutrición: calorías 204, grasas 3, fibra 4, carbohidratos 12, proteínas 4

86. Tarta de limón

Tiempo de preparación: 5 minutos
Tiempo de cocción: 17 minutos
Porciones: 6

Ingredientes:

* 3½ onzas de mantequilla derretida

- 3 huevos
- 3 onzas de azúcar moreno
- 3 onzas de harina
- 1 cucharadita de chocolate negro rallado
- ½ cucharadita de zumo de limón

Direcciones:

1. Mezclar todos los ingredientes en un bol.
2. Vierta la mezcla en un molde engrasado y colóquelo en la freidora.
3. Cocine a 360 grados F durante 17 minutos.
4. Deje que el pastel se enfríe antes de servirlo.

Nutrición: calorías 220, grasas 11, fibra 3, carbohidratos 15, proteínas 7

87. Tarta de yogur

Tiempo de preparación: 5 minutos
Tiempo de cocción: 30 minutos
Porciones: 8

Ingredientes:

- 1½ tazas de harina blanca
- 1 cucharadita de bicarbonato de sodio
- ¾ de taza de azúcar
- 1 plátano, triturado
- ½ cucharadita de levadura en polvo
- 2 cucharadas de aceite vegetal
- 1 taza de yogur griego
- 8 onzas de puré de calabaza en lata
- Spray de cocina
- 1 huevo
- ½ cucharadita de extracto de vainilla

Direcciones:

1. En un bol, combine todos los ingredientes (excepto el spray de cocina) y revuelva bien.
2. Vierta la mezcla en un molde para pasteles engrasado con aceite en aerosol y colóquelo en la cesta de su freidora de aire.
3. Cocine a 330 grados F durante 30 minutos.
4. Enfriar, cortar en rodajas y servir.

Nutrición: calorías 192, grasa 7, fibra 7, carbohidratos 12, proteínas 4

88.   Pan de calabacín

Tiempo de preparación: 10 minutos
Tiempo de cocción: 40 minutos
Porciones: 6
Ingredientes:
- 3 tazas de calabacines rallados
- 1 taza de azúcar
- 1 cucharada de extracto de vainilla
- 2 huevos, batidos
- 2 tazas de harina blanca
- 1 cucharada de levadura en polvo
- 1 barra de mantequilla derretida

Direcciones:
1. Añade todos los ingredientes a un bol y mézclalos bien.
2. Vierta la mezcla en un molde para pan forrado y colóquelo en la freidora. y cocine a 320 grados F durante 40 minutos.
3. Cortar y servir caliente.

Nutrición: calorías 132, grasa 6, fibra 7, carbohidratos 11, proteínas 7

89.   Pan al Crema Tártaro

Tiempo de preparación: 10 minutos
Tiempo de cocción: 40 minutos
Porciones: 6
Ingredientes:
- ¾ de taza de azúcar
- 1/3 de taza de mantequilla
- 1 cucharadita de extracto de vainilla
- 1 huevo
- 2 calabacines rallados
- 1 cucharadita de polvo de hornear
- 1½ tazas de harina
- ½ cucharadita de bicarbonato de sodio
- 1/3 de taza de leche
- 1½ cucharaditas de cremor tártaro

Direcciones:
1. Ponga todos los ingredientes en un bol y mézclelos bien.
2. Vierta la mezcla en un molde para pan forrado y coloque el molde en la freidora de aire.
3. Cocine a 320 grados F durante 40 minutos
4. Enfriar, cortar en rodajas y servir.

Nutrición: calorías 222, grasas 7, fibra 8, carbohidratos 14, proteínas 4

90. Tarta de naranja

Tiempo de preparación: 10 minutos
Tiempo de cocción: 20 minutos
Porciones: 3
Ingredientes:
- 1 huevo
- 4 cucharadas de azúcar
- 2 cucharadas de aceite vegetal
- 4 cucharadas de leche
- 2 cucharadas de zumo de naranja
- 4 cucharadas de harina
- 1 cucharada de cacao en polvo
- ½ cucharadita de levadura en polvo
- ½ cucharadita de ralladura de naranja

Direcciones:
1. Ponga todos los ingredientes en un bol y mézclelos bien.
2. Divida la mezcla entre 3 moldes y colóquelos en su freidora de aire.
3. Cocine a 320 grados F durante 20 minutos.
4. Sirve los pasteles calientes y disfrútalos.

Nutrición: calorías 191, grasas 7, fibra 3, carbohidratos 14, proteínas 4

91. Manzanas de arce

Tiempo de preparación: 10 minutos
Tiempo de cocción: 10 minutos
Porciones: 4
Ingredientes:
- 2 cucharaditas de canela en polvo

- 5 manzanas sin corazón y cortadas en gajos
- ½ cucharadita de polvo de nuez moscada
- 1 cucharada de jarabe de arce
- 4 cucharadas de mantequilla
- ¼ de taza de azúcar moreno

Direcciones:
1. En una sartén que se adapte a su freidora de aire, mezcle las manzanas con los demás ingredientes y remuévalos.
2. Coloque la sartén en la freidora y cocine a 360 grados F durante 10 minutos.
3. Dividir en tazas y servir.

Nutrición: calorías 180, grasa 6, fibra 8, carbohidratos 19, proteínas 12

92. Tarta de piña y zanahoria

Tiempo de preparación: 10 minutos
Tiempo de cocción: 45 minutos
Porciones: 6

Ingredientes:
- 5 onzas de harina
- ¾ de cucharadita de levadura en polvo
- ½ cucharadita de bicarbonato de sodio
- ½ cucharadita de canela en polvo
- 1 huevo batido
- 3 cucharadas de yogur
- ½ taza de azúcar
- ¼ de taza de zumo de piña
- 4 cucharadas de aceite vegetal
- 1/3 de taza de zanahorias ralladas
- 1/3 de taza de copos de coco, rallados
- Spray de cocina

Direcciones:
1. Poner todos los ingredientes (excepto el spray de cocina) en un bol y mezclar bien.
2. Vierta la mezcla en un molde con forma de resorte, engrasado con aceite en aerosol, que se ajuste a su freidora de aire.
3. Coloque la sartén en su freidora de aire y cocine a 320 grados F durante 45 minutos.

4. Deje que el pastel se enfríe antes de cortarlo y servirlo.

Nutrición: calorías 200, grasa 6, fibra 7, carbohidratos 12, proteínas 4

93. Tarta de queso al ron

Tiempo de preparación: 10 minutos
Tiempo de cocción: 20 minutos
Porciones: 6
Ingredientes:

- 2 cucharaditas de mantequilla derretida
- ½ taza de galletas Graham desmenuzadas
- 16 onzas de queso crema, ablandado
- 2 huevos
- ½ taza de azúcar
- 1 cucharadita de ron
- ½ cucharadita de extracto de vainilla

Direcciones:
1. Engrasar una sartén con la mantequilla y extender las migas de galleta en el fondo.
2. En un bol, mezclar todos los ingredientes restantes y batirlos bien; a continuación, extender esta mezcla sobre las migas de galleta.
3. Coloque la sartén en su freidora de aire y cocine a 340 grados F durante 20 minutos.
4. Deje que la tarta de queso se enfríe, refrigérela y sírvala fría.

Nutrición: calorías 212, grasas 12, fibra 6, carbohidratos 12, proteínas 7

94. Crema de fresa

Tiempo de preparación: 5 minutos
Tiempo de cocción: 15 minutos
Porciones: 6
Ingredientes:

- 1 cucharadita de gelatina
- 8 onzas de queso crema
- 4 onzas de fresas
- 2 cucharadas de agua

- ½ cucharada de zumo de limón
- ¼ de cucharadita de azúcar
- ½ taza de crema de leche

Direcciones:

1. Poner todos los ingredientes en la batidora y pulsar.
2. Divida la mezcla en 6 moldes y colóquelos en su freidora.
3. Cocine a 330 grados F durante 15 minutos.
4. Refrigere (o coloque brevemente en el congelador) y sirva la crema bien fría.

Nutrición: calorías 202, grasa 8, fibra 2, carbohidratos 6, proteínas 7

95. Crema de café

Tiempo de preparación: 5 minutos
Tiempo de cocción: 10 minutos
Porciones: 6

Ingredientes:

- 2 cucharadas de mantequilla
- 8 onzas de queso crema
- 3 cucharadas de café
- 3 huevos
- 1/3 de taza de azúcar
- 1 cucharada de jarabe de caramelo

Direcciones:

1. Poner todos los ingredientes en la batidora y pulsar.
2. Divida la mezcla entre 6 moldes y colóquela en la freidora.
3. Cocinar a 320 grados F; hornear durante 10 minutos.
4. Deje que se enfríe y luego colóquelo en el congelador antes de servirlo.

Nutrición: calorías 234, grasas 13, fibra 4, carbohidratos 11, proteínas 5

96. Galletas de queso crema

Tiempo de preparación: 10 minutos
Tiempo de cocción: 14 minutos
Porciones: 12

Ingredientes:

- 6 onzas de aceite vegetal

- 6 huevos
- 3 onzas de cacao en polvo
- 2 cucharaditas de extracto de vainilla
- ½ cucharadita de levadura en polvo
- 4 onzas de queso crema
- 5 cucharadas de azúcar

Direcciones:

1. Añadir todos los ingredientes a una batidora y pulsar un poco.
2. Vierta esta mezcla en una fuente de horno forrada con papel pergamino que se ajuste a su freidora de aire.
3. Coloque la sartén en la freidora a 320 grados F, y hornee durante 14 minutos.
4. Cortar en rectángulos y servir.

Nutrición: calorías 178, grasas 11, fibra 3, carbohidratos 3, proteínas 5

97. Tarta de mandarina

Tiempo de preparación: 10 minutos
Tiempo de cocción: 20 minutos
Porciones: 8

Ingredientes:

- ¾ de taza de azúcar
- 2 tazas de harina
- ¼ de taza de aceite de oliva
- ½ taza de leche
- 1 cucharadita de vinagre de sidra
- ½ cucharadita de extracto de vainilla
- Zumo y ralladura de 2 limones
- Jugo y cáscara de 1 mandarina
- Gajos de mandarina, para servir

Direcciones:

1. En un bol, mezclar la harina con el azúcar y remover.
2. En otro bol, mezclar el aceite con la leche, el vinagre, el extracto de vainilla, el zumo y la ralladura de limón y la ralladura de mandarina y batir muy bien.
3. Agregue la harina, revuelva bien, vierta esto en un molde que se ajuste a su freidora de aire, introduzca en la freidora y cocine a 360 grados F durante 20 minutos.

4. Servir enseguida con gajos de mandarina por encima.
5. Que lo disfrutes.

Nutrición: calorías 190, grasa 1, fibra 1, carbohidratos 4, proteínas 4

98. Pudín de arándanos

Tiempo de preparación: 10 minutos
Tiempo de cocción: 25 minutos
Porciones: 6
Ingredientes:

- 2 tazas de harina
- 2 tazas de copos de avena
- 8 tazas de arándanos
- 1 barra de mantequilla derretida
- 1 taza de nueces picadas
- 3 cucharadas de jarabe de arce
- 2 cucharadas de romero picado

Direcciones:

1. Esparcir los arándanos en un molde para hornear engrasado y dejarlos aparte.
2. En su procesador de alimentos, mezcle los copos de avena con la harina, las nueces, la mantequilla, el jarabe de arce y el romero, mezcle bien, coloque esto sobre los arándanos, introduzca todo en su freidora de aire y cocine a 350 grados durante 25 minutos.
3. Dejar enfriar el postre, cortar y servir.
4. Que lo disfrutes.

Nutrición: calorías 150, grasas 3, fibra 2, carbohidratos 7, proteínas 4

99. Barras de cacao y almendras

Tiempo de preparación: 30 minutos
Tiempo de cocción: 4 minutos
Porciones: 6
Ingredientes:

- ¼ de taza de nibs de cacao
- 1 taza de almendras, remojadas y escurridas
- 2 cucharadas de cacao en polvo

- ¼ de taza de semillas de cáñamo
- ¼ de taza de bayas de goji
- ¼ de taza de coco rallado
- 8 dátiles, deshuesados y remojados

Direcciones:

1. Ponga las almendras en su procesador de alimentos, mezcle, añada las semillas de cáñamo, los nibs de cacao, el cacao en polvo, el goji, el coco y mezcle muy bien.
2. Añada los dátiles, vuelva a mezclarlos bien, extiéndalos en una bandeja para hornear forrada que se ajuste a su freidora de aire y cocínelos a 320 grados F durante 4 minutos.
3. Cortar en partes iguales y guardar en la nevera durante 30 minutos antes de servir.
4. Que lo disfrutes.

Nutrición: calorías 140, grasas 6, fibra 3, carbohidratos 7, proteínas 19

100. Tarta de tomate

Tiempo de preparación: 10 minutos
Tiempo de cocción: 30 minutos
Porciones: 4

Ingredientes:

- 1 y ½ tazas de harina
- 1 cucharadita de canela en polvo
- 1 cucharadita de polvo de hornear
- 1 cucharadita de bicarbonato de sodio
- ¾ de taza de jarabe de arce
- 1 taza de tomates picados
- ½ taza de aceite de oliva
- 2 cucharadas de vinagre de sidra de manzana

Direcciones:

1. En un bol, mezclar la harina con la levadura en polvo, el bicarbonato, la canela y el jarabe de arce y remover bien.
2. En otro bol, mezclar los tomates con el aceite de oliva y el vinagre y remover bien.
3. Combine las 2 mezclas, revuelva bien, vierta en una sartén redonda engrasada que se ajuste a su freidora de aire,

introduzca en la freidora y cocine a 360 grados F durante 30 minutos.

4. Dejar enfriar el pastel, cortarlo en trozos y servirlo.
5. Que lo disfrutes.

Nutrición: calorías 153, grasa 2, fibra 1, carbohidratos 25, proteínas 4

101. Mezcla de bayas

Tiempo de preparación: 5 minutos
Tiempo de cocción: 6 minutos
Porciones: 4
Ingredientes:

- 2 cucharadas de zumo de limón
- 1 y ½ cucharadas de jarabe de arce
- 1 y ½ cucharadas de vinagre de cava
- 1 cucharada de aceite de oliva
- 1 libra de fresas, cortadas por la mitad
- 1 y ½ tazas de arándanos
- ¼ de taza de hojas de albahaca, arrancadas

Direcciones:
1. En una sartén que se adapte a su freidora de aire, mezcle el zumo de limón con el jarabe de arce y el vinagre, llévelo a ebullición a fuego medio-alto, añada el aceite, los arándanos y las fresas, remuévalos, introdúzcalos en su freidora de aire y cocínelos a 310 grados F durante 6 minutos.
2. Espolvorear la albahaca por encima y servir.
3. Que lo disfrutes.

Nutrición: calorías 163, grasa 4, fibra 4, carbohidratos 10, proteínas 2,1

102. Pudín de fruta de la pasión

Tiempo de preparación: 10 minutos
Tiempo de cocción: 40 minutos
Porciones: 6
Ingredientes:

- 1 taza de cuajada de fruta de la pasión Paleo
- 4 frutas de la pasión, pulpa y semillas
- 3 y ½ onzas de jarabe de arce

- 3 huevos
- 2 onzas de ghee, derretido
- 3 y ½ onzas de leche de almendras
- ½ taza de harina de almendra
- ½ cucharadita de levadura en polvo

Direcciones:

1. En un bol, mezclar la mitad de la cuajada de fruta con las semillas y la pulpa de la fruta de la pasión, remover y repartir en 6 moldes refractarios.
2. En un bol, bate los huevos con el sirope de arce, el ghee, el resto de la cuajada, la levadura en polvo, la leche y la harina y remueve bien.
3. Divida esto en los ramequines también, introduzca en la freidora y cocine a 200 grados F durante 40 minutos.
4. Dejar enfriar los budines y servir.
5. Que lo disfrutes.

Nutrición: calorías 430, grasas 22, fibra 3, carbohidratos 7, proteínas 8

103. Manzanas fritas al aire

Tiempo de preparación: 10 minutos
Tiempo de cocción: 17 minutos
Porciones: 4

Ingredientes:

- 4 manzanas grandes sin corazón
- Un puñado de pasas
- 1 cucharada de canela molida
- Miel cruda al gusto

Direcciones:

1. Rellene cada manzana con pasas, espolvoree canela, rocíe miel, póngalas en su freidora de aire y cocínelas a 367 grados F durante 17 minutos.
2. Déjelos enfriar y sírvalos.
3. Que lo disfrutes.

Nutrición: calorías 220, grasas 3, fibra 4, carbohidratos 6, proteínas 10

104. Galletas de calabaza

Tiempo de preparación: 10 minutos

Tiempo de cocción: 15 minutos
Raciones: 24

Ingredientes:

- 2 y ½ tazas de harina
- ½ cucharadita de bicarbonato de sodio
- 1 cucharada de semillas de lino molidas
- 3 cucharadas de agua
- ½ taza de pulpa de calabaza, triturada
- ¼ de taza de miel
- 2 cucharadas de mantequilla
- 1 cucharadita de extracto de vainilla
- ½ taza de trozos de chocolate negro

Direcciones:

1. En un bol, mezclar las semillas de lino con el agua, remover y dejar reposar unos minutos.
2. En otro bol, mezclar la harina con la sal y el bicarbonato.
3. En un tercer bol, mezclar la miel con el puré de calabaza, la mantequilla, el extracto de vainilla y la linaza.
4. Combinar la harina con la mezcla de miel y los trozos de chocolate y remover.
5. Ponga una cucharada de masa de galletas en una bandeja para hornear forrada que se ajuste a su freidora de aire, repita con el resto de la masa, introdúzcalas en su freidora de aire y cocínelas a 350 grados F durante 15 minutos.
6. Dejar enfriar las galletas y servir.
7. Que lo disfrutes.

Nutrición: calorías 140, grasa 2, fibra 2, carbohidratos 7, proteínas 10

105. Tarta de semillas de amapola

Tiempo de preparación: 10 minutos
Tiempo de cocción: 30 minutos
Porciones: 6

Ingredientes:

- 1 y ¼ tazas de harina
- 1 cucharadita de polvo de hornear
- ¾ de taza de azúcar
- 1 cucharada de ralladura de naranja

- 2 cucharaditas de cáscara de lima, rallada
- ½ taza de mantequilla, blanda
- 2 huevos, batidos
- ½ cucharadita de extracto de vainilla
- 2 cucharadas de semillas de amapola
- 1 taza de leche
- Para la crema:
- 1 taza de azúcar
- ½ taza de puré de fruta de la pasión
- 3 cucharadas de mantequilla derretida
- 4 yemas de huevo

Direcciones:

1. En un bol, mezclar la harina con la levadura en polvo, ¾ de taza de azúcar, la ralladura de naranja y la ralladura de lima y remover.
2. Añada ½ taza de mantequilla, los huevos, las semillas de amapola, la vainilla y la leche, revuelva con su batidora, vierta en un molde para pasteles que se ajuste a su freidora de aire y cocine a 350 grados F durante unos 30 minutos.
3. Mientras tanto, calentar una sartén con 3 cucharadas de mantequilla a fuego medio, añadir el azúcar y remover hasta que se disuelva.
4. Retirar del fuego, añadir el puré de fruta de la pasión y las yemas de huevo poco a poco y batir muy bien.
5. Saca el pastel de la freidora, enfríalo un poco y córtalo en mitades horizontales.
6. Extender ¼ de la crema de fruta de la pasión sobre una mitad, cubrir con la otra mitad del pastel y extender ¼ de la crema por encima.
7. Sírvelo frío.
8. Que lo disfrutes.

Nutrición: calorías 211, grasa 6, fibra 7, carbohidratos 12, proteínas 6

106. Cuadrados dulces

Tiempo de preparación: 10 minutos
Tiempo de cocción: 30 minutos
Porciones: 6

Ingredientes:

- 1 taza de harina
- ½ taza de mantequilla, blanda
- 1 taza de azúcar
- ¼ de taza de azúcar en polvo
- 2 cucharaditas de cáscara de limón rallada
- 2 cucharadas de zumo de limón
- 2 huevos, batidos
- ½ cucharadita de levadura en polvo

Direcciones:

1. En un tazón, mezcle la harina con el azúcar en polvo y la mantequilla, revuelva bien, presione en el fondo de un molde que se ajuste a su freidora de aire, introduzca en la freidora y hornee a 350 grados F durante 14 minutos.
2. En otro recipiente, mezcle el azúcar con el zumo de limón, la cáscara de limón, los huevos y la levadura en polvo, remuévalo con la batidora y extiéndalo sobre la corteza horneada.
3. Hornear durante 15 minutos más, dejar enfriar, cortar en cuadrados medianos y servir frío.
4. Que lo disfrutes.

Nutrición: calorías 100, grasa 4, fibra 1, carbohidratos 12, proteínas 1

107. Barras de ciruela

Tiempo de preparación: 10 minutos
Tiempo de cocción: 16 minutos
Porciones: 8

Ingredientes:

- 2 tazas de ciruelas secas
- 6 cucharadas de agua
- 2 tazas de copos de avena
- 1 taza de azúcar moreno
- ½ cucharadita de bicarbonato de sodio
- 1 cucharadita de canela en polvo
- 2 cucharadas de mantequilla derretida
- 1 huevo batido
- Spray de cocina

Direcciones:

1. En su procesador de alimentos, mezcle las ciruelas con el agua y bata hasta obtener una pasta pegajosa.
2. En un bol, mezclar la avena con la canela, el bicarbonato, el azúcar, el huevo y la mantequilla y batir muy bien.
3. Presione la mitad de la mezcla de avena en una bandeja para hornear que se ajuste a su freidora de aire rociada con aceite de cocina, extienda la mezcla de ciruelas y cubra con la otra mitad de la mezcla de avena.
4. Introduzca en su freidora de aire y cocine a 350 grados F durante 16 minutos.
5. Dejar enfriar la mezcla, cortar en barras medianas y servir.
6. Que lo disfrutes.

Nutrición: calorías 111, grasa 5, fibra 6, carbohidratos 12, proteínas 6

CONCLUSIÓN

Las freidoras de aire pueden asar, asar y asar a la parrilla!

Las freidoras son ideales para asar carnes, verduras y aperitivos sin necesidad de aceite o mantequilla. Los alimentos congelados o frescos pueden prepararse en cualquier momento y a la carta, simplemente añadiéndolos a la cesta de fritura de aire. Las carnes se cocinan uniformemente sin perder demasiada humedad gracias al sistema de calentamiento por aire caliente circulante de este aparato de cocina. Asa verduras como calabacines, berenjenas, cebollas y pimientos para crear comidas bajas en calorías con alto valor nutricional. También es una forma práctica de preparar aperitivos saludables, como rollos de pizza, y deliciosos bocadillos, como los donuts.

Las freidoras de aire ofrecen opciones de cocción versátiles

La mejor freidora de aire proporciona flexibilidad en el tipo de alimentos que se pueden cocinar ya que este aparato es capaz de funcionar a diferentes temperaturas para diferentes tipos de alimentos. La freidora de aire le permite preparar grandes trozos de carne sin dejar de obtener resultados crujientes. Las verduras se cocinan de manera uniforme con poca grasa y conservando su sabor y textura originales. La carne puede cocinarse directamente en la cesta de la freidora de aire o en una rejilla que se introduce en la freidora. Aunque esta opción no se recomienda para los alimentos congelados, puede utilizarse para preparar filetes y chuletas de cerdo. Las patatas congeladas también son adecuadas para cocinarlas en el microondas, pero su textura cambiará cuando se preparen en una freidora de aire.

La mejor freidora de aire tiene un potente elemento calefactor

La mejor freidora de aire tiene un elemento calefactor potente que es capaz de proporcionar suficiente potencia para una cocción eficaz a cualquier temperatura deseada. Un elemento calefactor de 550 vatios es lo mejor para la mayoría de las tareas; sin embargo, se pueden utilizar envolturas de papel de aluminio colocadas sobre la cesta en lugar de espirales de alta potencia cuando se cocinan cantidades más pequeñas de alimentos, como patatas fritas, o aperitivos, como bolas de palomitas de maíz. Si pretende cocinar trozos de carne más grandes en la freidora de aire, asegúrese de que la potencia es suficiente para realizar las tareas a las temperaturas deseadas.

Las freidoras de aire también utilizan un sistema de circulación de aire caliente para secar los alimentos. La mejor freidora de aire tiene funciones preestablecidas que trabajan en conjunto con el elemento de calentamiento para preparar los alimentos para su uso en momentos específicos. El temporizador suele estar situado en la parte inferior izquierda de la máquina y puede configurarse con diferentes incrementos de tiempo en función de los ajustes elegidos. Las funciones preestablecidas se utilizan para cocinar los alimentos según su preparación.

Habilidades de la freidora de aire: Elija un experto

Con la gran variedad de freidoras de aire que hay en el mercado, ¿a quién puede acudir para que le oriente? Cuando se adquiere un electrodoméstico, es importante leer las instrucciones de seguridad y conocer los distintos tipos de alimentos que se pueden preparar utilizando diferentes combinaciones de ajustes. La mejor freidora de aire tiene un libro de instrucciones que contiene recetas para preparar diferentes tipos de alimentos en su freidora de aire. Las instrucciones también suelen describir las temperaturas ideales y los ajustes del temporizador necesarios para cocinar diferentes tipos de aperitivos o comidas.

El sistema de clasificación online de las freidoras de aire también puede ayudarle a encontrar el mejor modelo. Si encuentra una freidora de aire que sobrepasa las limitaciones de potencia del aparato, esto sugiere que no es un producto de calidad. La mejor freidora de aire tendrá un buen rendimiento en todos los escenarios; sin embargo, el precio debe corresponder a este rendimiento.

Comprar productos para el cuidado de la freidora

Si utiliza su freidora de aire con frecuencia, es importante que cuide sus componentes con productos de cuidado de calidad. La limpieza de su freidora de aire es necesaria al menos una vez a la semana para mantener el elemento calefactor en buen estado de funcionamiento; una acumulación excesiva puede provocar una reducción de los niveles de potencia y de la capacidad de calentamiento. No utilice jabón, toallas de papel u otros productos que sean abrasivos en la superficie de la resistencia. El exceso de lubricación puede causar resultados no deseados cuando lo utilice para cocinar.

Para limpiar correctamente el interior de la freidora de aire, retire los alimentos de la cesta y, a continuación, utilice un paño húmedo o una esponja para limpiar el exceso de grasa o aceite que se haya acumulado en la resistencia. Cualquier alimento que quede pegado a la resistencia es mejor retirarlo con una espátula o cuchara antes de que tenga la oportunidad de quemarse.

Asegúrese de solucionar los problemas de su freidora de aire inspeccionando cuidadosamente todos los aspectos de su funcionamiento. Si las funciones preestablecidas no funcionan correctamente, esto indica que hay problemas con la resistencia o el sistema de control de la temperatura. Si el temporizador no funciona correctamente, esto indica que hay un problema con la resistencia. Si nota alguna decoloración en su freidora de aire, esto es un indicador de que se ha ensuciado y necesita ser limpiada.

Las freidoras de aire se pueden reciclar

Las freidoras de aire se pueden reciclar en la mayoría de las tiendas, pero compruebe primero si las leyes locales prohíben que se tiren a la basura. Estos aparatos pueden desecharse incluso si muestran la información de la garantía o si los ha utilizado durante seis meses o más. Independientemente de que se apliquen estas instrucciones, puede deshacerse de su freidora de aire dejándola en el depósito de reciclaje local si así lo desea.